Chocron **Heilen mit Edelsteinen**

Daya Sarai Chocron

Heilen
mit Edelsteinen

Aus dem Englischen
von Karl Friedrich Hörner

IRISIANA

IRISIANA
Eine Buchreihe herausgegeben von
Margit und Rüdiger Dahlke

Die Deutsche Bibliothek – CIP-Einheitsaufnahme
Chocron, Daya Sarai:
Heilen mit Edelsteinen / Daya Sarai Chocron.
Aus dem Engl. von Karl Friedrich Hörner.
– 11. Aufl. – München: Hugendubel, 1994
(Irisiana)
ISBN 3-88034-685-2

11. Auflage 1994
© der deutschsprachigen Ausgabe
Heinrich Hugendubel Verlag, München 1984
Alle Rechte vorbehalten

Fotos: Rainer Bülz, München
Umschlaggestaltung: Zembsch' Werkstatt, München
unter Verwendung eines Motivs von Dieter Bonhorst, München
Produktion: Tillmann Roeder, München
Satz: Uhl + Massopust, Aalen
Reproduktionen: Fotolitho Longo, Frangart
Druck und Bindung: Wiener Verlag, Himberg
Printed in Austria

ISBN 3-88034-685-2

Inhalt

Dieses Buch widme ich

TARA,
der Göttin des Mitgefühls,
die mir den Weg weist,

und *Tom Ehrlich,*
der mein Begleiter auf dem Wege ist.
Seine Musik berührt mein Herz zutiefst.

Einleitung

Voll Ehrfurcht und Bewunderung stehe ich vor der Schönheit und dem Reichtum unserer Mutter Erde. Diese Liebe ist es, was uns verbindet.

Vor vielen Jahren kam ich, nachdem ich auf einer Insel gelebt hatte, zurück in die Vereinigten Staaten, wo ich mehr über die ganzheitliche Gesundheit zu lernen begann. Damals interessierte ich mich auch mehr und mehr für das Leben der Indianer. Es schien mir im Einklang mit Mutter Erde zu sein, mit den Elementen der Natur und dem Heiligen.

Mehrere Jahre verbrachte ich im Südwesten. In Colorado, New Mexico und Arizona lernte ich neue Behandlungs- und Heilweisen kennen, die in Wirklichkeit sehr alte Methoden waren, und ich erlebte ein neues, geistiges Erwachen.

Mehrere Lehrer stellten sich ein: Nachdem ich in Arizona lange in Indianer-Reservaten gelebt hatte, zog ich in die Berge, wo ich weite Wege ging und die Kraft der Steine und Felsen dort intensiv empfinden konnte. Ich hielt sie für die Hüter sehr vieler Botschaften. Dort traf ich einen Mann, einen Edelsteinschneider, der auch stark beeinflußt war von der Tradition der nordamerikanischen Indianer. Er war sehr tief mit den Steinen und Kristallen verbunden. Er vermittelte mir viel von dem, was er über die verschiedenen Steine und ihre Eigenschaften wußte. Einmal meditierte ich mit ihm tief im Erdinnern, in einem Bergwerk; dieses Erlebnis hat mein Leben verändert. Damals verspürte ich wirklich die unglaubliche Kraft der Erde. Sie ist ein Energiereservoir, das die meisten von uns noch gar nicht erkannt haben. Wir waren eine Gruppe, die über Strickleitern in die Tiefe hinabstieg, wo wir Kerzen entzündeten und tief unter der Erdoberfläche gemeinsam sangen, beteten, danksagten und einswurden. Er gab mir den Kristall, der mein treuer Kamerad geworden ist, der mich auf allen Reisen begleitet und bei Seminaren und Heilbehandlungen dabei ist.

Der Funke hatte sich entzündet, und ich ging weiter, um von indianischen Medizinfrauen zu lernen. Sie sprachen von unserer Verbundenheit mit dem Tier-, dem Pflanzen- und dem Mineralreich, von unserer Einheit mit den Elementen, von Ritualen und Zeremonien mit Kristallen und Steinen. Sie erzählten von deren heilenden und geistigen Eigenschaften und von einer Lebensweise, die im Einklang ist mit dem Kosmos. Sie redeten auch von der Macht und Kraft, die uns die Berge gegeben haben, das Meer, die Sonne, der Mond, der Wind, der Regen und die Bäume. Eine Schamanin erläuterte, warum es wichtig ist, sanft über die Erde zu gehen, um nicht die anderen Lebensreiche zu stören. Eine andere sprach darüber, wie man durchs Trommeln die eigene Mitte findet, über das Lied, das zu singen jeder einzelne von uns geboren ist. Dieses Lied haben wir in uns zu entdecken und es der Welt zu schenken. Ich achte diese Lehren sehr und habe versucht, sie in meinem täglichen Leben anzuwenden und sie weiterzugeben.

Später lernte ich dann eine Frau kennen, die eine Heilerin und stark vom Indischen her beeinflußt war. Eine Schwester aus früheren Zeiten war wieder aufgetaucht, und es gab viel mit ihr zu erforschen und zu experimentieren. Ich lernte Körpermassage, Yoga-Meditation und über die heilende Kraft der Blumen. Wir gingen hinaus in die Wüste, sammelten wilde Blumen und bereiteten daraus unsere eigenen Heilmittel. Ich war fasziniert von den geradezu magischen Eigenschaften der Farben. In Blumen und Steinen nämlich manifestiert sich Farbe am vollkommensten. Sie sind im Seelischen einander Gefährten. Ich begann mich mit Farbtherapie zu beschäftigen, verwendete Visualisation, Meditationen und farbige Kerzen.

Als ich in einem Drogen-Rehabilitationszentrum arbeitete, wo man an die medizinische, heilende Eigenschaft der Ernährung ebenso glaubte wie an die Möglichkeit, daß Yoga Veränderungen im Bewußtsein der Patienten herbeiführt, lernte ich die erstaunlichen Erfolge dieser Methoden kennen. Auch dieses Wissen machte ich mir im täglichen Leben zu eigen. Jene bemerkenswerte Frau lehrte mich durch ihre Hilfe und Weisungen, selbst anderen im beratenden Gespräch Helferin zu werden und zeigte mir beispielhaft die Kunst des selbstlosen Gebens.

So fand dieses Mandala verschiedenster Heilweisen allmählich seine Mitte und seinen Brennpunkt im Heilen mit Kristallen und Edelsteinen. Sie wurden meine besten Lehrer und offenbarten mir ihre zahlreichen Geheimnisse.

Als im Mai Geborene — Stier mit Mond im Skorpion —, der die Form wichtig ist, erkannte ich, daß Kristalle und Steine, die manifesten Formen des Lichtes und der Farbe, mein Arbeitsgebiet werden sollten, mein Ziel und meine Freude. Ich kann, wenn ich diese Teile unserer Erde in die Hand nehme und berühre, empfinden, wie sehr sie vom Geist des Lichtes erfüllt sind. Die Schönheit der Edelsteine berührt mein Herz und ist Nahrung für meine Seele.

Dem Ziel, Höheres zu verstehen und der Öffnung des Herzens ist meine Arbeit gewidmet. Liebe, die Öffnung des Herzens, ist ein Akt des Glaubens, des Glaubens an die Möglichkeit. Dieser Glaube erfordert Mut, die Fähigkeit, ein Risiko auf sich zu nehmen und auch die Bereitschaft, einmal Schmerz und Enttäuschung zu akzeptieren.

Mein Wissen und Verstehen der Kristalle und Steine wuchsen aus einer tiefen, intuitiven Ebene, wo Bücher und Tabellen wenig bedeuten. Es manifestierte sich im Lauf der Jahre; ein Vertrauen, ein Annehmen, ein Erkennen und ein Glauben an höhere Kräfte wurde aufgebaut. Ich ließ die Steine mich wählen. Sie sprechen, und ich lausche.

Ich folge einem bestimmten Chakra-System, das im zweiten und siebten Kapitel kurz angesprochen werden soll. Du kannst diese Information als Hilfe nehmen, solange du deinen eigenen Weg entwickelst. Es gibt bestimmte Grundgesetze im Universum, die man sich zunutze machen soll, die man erkennen und beachten muß. Lehne sie nicht ab, sondern versuche, mit ihnen zu arbeiten!

Ich reise sehr viel, halte Vorträge und gebe Seminare, Workshops und Behandlungen. Die starken Wirkungen und Reaktionen, die ich dabei erlebt habe, tragen weiter zu meinem Glauben und völligen Vertrauen in die Steine bei. Ich fühle mich gesegnet mit der Mission, solch altes und wertvolles Wissen weiterzutragen und weiterzugeben. Eine schöne, zauberhafte, mystische Welt wird sich dir öffnen. Du wirst glücklich sein, ihr zu begegnen.

Ein Sprichwort aus dem tibetischen Buddhismus sagt: »Wenn du, als Mensch geboren, die heilige Lehre nicht beachtest, gleichst du einem Manne, der mit leeren Händen aus einem Land zurückkehrt, das voll kostbarer Edelsteine ist — und das ist ein schweres Versagen.«

Dieses Buch entstand aus dem Bedürfnis, das über viele Jahre hinweg angesammelte Wissen weiterzugeben und klarzumachen, was diese uralte Tradition des Heilens und der Verwandlung mit Hilfe der Steine ist: ein natürlicher Weg, ein Geschenk der Erde.

LA ROCHE ST. SECRET
Sommer 1983   Provence, Frankreich

Kurssituation in Alpbach, Österreich, Sommer 1983

Foto: Brigitte Stresemann

Kapitel 1

Licht und Farbe

»Eine universale Seele durchdringt alles;
sie ist ihrem Wesen nach dem Lichte ähnlich.«

PYTHAGORAS

LICHT

Alles Licht in unserer Welt strahlt aus von der zentralen Sonne. Sie ist der Ursprung aller Energie und Kraft, die Quelle des Lichtes, der Wärme und der Bewegung auf diesem Planeten.

Licht ist strahlende Energie. Das sichtbare Universum offenbart sich im Physischen durch die kosmischen Kräfte Licht, Form und Schwingung.

Die antike Weisheit sagt uns, daß das Universum aus dem kosmischen Urfeuer hervorgegangen ist, dem großen, weißen Licht, das eine Ausstrahlung des Göttlichen ist, der Quelle allen Lichtes.

Die Bhagavad-Gita spricht vom unvergänglichen Licht: »Erblicke meine Form in den verschiedenen Arten, in verschiedenen Farben.« Nach der Vorstellung der Hindu-Weisen ist Gott »der Leuchtende«.

Licht ist die erste Silbe des schöpferischen Wortes, rhythmische Bewegung die zweite und Farbe die dritte.

Alle Schwingungen, die von einem leuchtenden Körper ausgehen, breiten sich in vollendet rhythmischer Bewegung, in Form von Wellen und Impulsen, durch den Raum aus. Der Abstand zwischen zwei aufeinanderfolgenden Scheitelpunkten dieser Wellen wird Wellenlänge genannt; ihre Schwingungszahl ist die Frequenz.

FARBE

Das weiße Licht, das alle Farben in sich enthält, erzeugt durch Verringerung seiner Schwingungsrate das Spektrum: »Farben sind die Taten des Lichts, Taten und Leiden« (Goethe, *Farbenlehre*).

Farbe ist eine Erscheinungsform des Urlichtes, abhängig von seiner Schwingungsrate. Die Schwingungsraten der Farben sind sehr unterschiedlich. Violettes Licht ist Ausdruck sehr kurzer Wellen, beim roten Licht sind sie ungefähr doppelt so lang.

Zum Verständnis und Gebrauch der Edelsteine ist es wichtig zu wissen, daß alle Materie Licht aussendet; es ist dieses Licht, was die Heilung herbeiführt.

Die höchste Schwingung, das weiße Licht, wird nicht vom Menschen erzeugt. Es stammt aus der kosmischen Quelle und wird ausgerichtet oder übertragen auf die Aura.

Die Strahlen weißen Lichtes spielen eine sehr grundlegende Rolle in Funktion und Wohlbefinden unserer inneren Körper. Wenn dieses Licht harmonisch in die inneren Zentren einfließt, wachsen Gesundheit und Harmonie. Kommt es zum Stillstand oder wird es behindert, entstehen Blockaden, die dem freien Fluß der Energie im Wege sind.

Die Grundlage der Behandlung mit Farben ist die Herbeiführung bestimmter molekularer Reaktionen in den Körperorganen durch die vermittelnde Wirkung der Lichtstrahlen. Licht ist, wohlgemerkt, keine Kraft außerhalb unserer selbst. Licht durchdringt das Zentrum jeder Zelle, jedes Nerven und Gewebes unseres Körpers.

Die Natur hat uns diese herrliche Form der Energie, die die Grundlage des Lebens ist, geschenkt, um unseren Geist und Körper in vollkommener Gesundheit zu erhalten.

Gesundheit ist der Zustand vollendeten Gleichgewichts; doch dieser kann sich nur so lange halten, wie im ganzen Körper vollendeter Rhythmus, vollendete Harmonie herrschen.

Der ganze Planet, die Meere und Landflächen, alles, was wir offenbart sehen als mineralische, pflanzliche, tierische oder menschliche Lebensform, hängt mit seiner Existenz vom Licht und seinen wunderbaren Eigenschaften und Schwingungen ab. Dies gilt nicht nur für die physische Welt — unseren materiellen Erdenplan —, sondern auch für höhere Welten, die auch Teile des Universums sind. Die ätherischen, astralen, mentalen und spirituellen Ebenen sind von derselben Quelle des Lichts abhängig und haben jede ihre eigene Schwingungsrate.

Farbe ist eine Kraft von unermeßlicher und unbegrenzter Macht. Sie übt einen ungeheuren Einfluß auf Denken und Fühlen aus. Sie ist die lebendige Sprache des Lichtes, das Kennzeichen der bewußten Wirklichkeit. Aldous Huxley kam zu dem Schluß, daß Farbe der eigentliche Prüfstein der Realität ist.

Abgesehen von der ästhetischen Freude und Schönheit trägt Farbe mehr als jeder andere Faktor auf einer tieferen, feinen Ebene zu der Transformation unseres Geistes und unserer Seele bei. Aus diesem Grunde legen tantrische Meditationsarten einen so großen Wert auf Farben.

Die Farbenlehre beruht auf den Gesetzen des Lichts, wie sie in den sieben Strahlen offenbart sind. Die Farbstrahlen beziehen sich auf die sieben Ebenen der Manifestation und die sieben Chakras oder Lichträder.

Das weiße Licht, die geistige Sonne, findet Einlaß ins Bewußtsein der Seele durch die Aura und wird gestreut in seine sieben Teilfarben. Jede Farbe bringt in das jeweilige Seelen-Zentrum oder Chakra ihre Kraft und Vitalität. Das Wort »Seele« (engl. "soul") stammt vom lateinischen »sol« (Sonne) und bedeutet das Lichtzentrum in unserem Wesen. Farbe ist der Ausdruck der Seele des Universums.

DIE KOSMISCHEN ZAHLENGESETZE

Es gibt bestimmte Gesetze im Universum, die wir auf den verschiedensten Ebenen wiederfinden. Weil wir gleichsam eine Miniaturausgabe des Weltalls sind — ein Mikrokosmos im Makrokosmos —, weil wir aus den gleichen Bausteinen bestehen und denselben Gesetzen unterworfen sind, ist es wichtig und notwendig, um zwei der großen, kosmischen Gesetze zu wissen: das Gesetz der Drei und das Gesetz der Sieben.

Gesetz der Drei: Alle Phänomene, auf jeder Stufe, sind das Resultat des Zusammenwirkens von drei Prinzipien oder Kräften. Nach den Lehren Gurdjieffs kann nichts geschehen, ohne daß ein drittes Prinzip, eine dritte Kraft ins Spiel kommt. Der gleiche Gedanke — daß drei Kräfte nötig sind, damit etwas Neues entsteht — findet sich auch in vielen alten Lehren: in der Trinitäts-Lehre der christlichen Religion, in der hinduistischen Schöpfungsgeschichte des Universums (Aus Brahman, dem Absoluten, entstand Ishwara, der Schaffende, und durch die gemeinsame Aktion von Brahma, Vishnu und Shiva — die drei verschiedenen Aspekte von Ishwara — wurde alles geschaffen, was da ist.), und in der Sangka-Lehre der drei Gunas: Raja, Tamas und Sattwa. Demnach sind es die verschiedenen Kombinationen dieser drei Prinzipien, von denen jedes seine eigene, charakteristische Qualität besitzt, die ursächlich hinter allem in der Welt der Erscheinungen Existierenden stehen. Gurdjieff nannte diese drei Kräfte aktiv, passiv und neutralisierend.

Gesetz der Sieben: Sieben ist die Hauptzahl des Planeten Erde. Sie deutet die Verwandlung an: Vier (Materie) + Drei (Geist). Die Verschmelzung beider erlangt das höchste Ziel der menschlichen Entwicklung. Das Gesetz der Oktaven ist ein Beispiel dieser Manifestation.

Von den ägyptischen Priestern sind Schriften überliefert, die von ihrer Farbenkunde handeln. Jene Priester wandten das Gesetz der Entsprechungen im Zusammenhang mit der siebenfältigen Wesenheit des Menschen und der siebenfachen Gliederung des Sonnensystems an. Sie lehrten, daß Rot, Gelb und Blau sich auf Körper, Seele und Geist des Menschen bezögen. Dieser Einteilung entsprechend hatte man in den Tempeln seinerzeit farbige Räume, wo die Priester die Wirkungen und Einflüsse der Farbschwingungen untersuchten und einsetzten. Den Massen wurden zwar nicht alle Zusammenhänge der esoterischen Licht- und Farbenlehre vermittelt, doch lehrte man sie zumindest soviel, wie sie begreifen konnten. Auch die Geheimlehren der Mystiker Indiens und Chinas enthielten viel Wissen über die Farben.

Die Farbkorrelationen zu den sieben Hauptstrahlen sind:

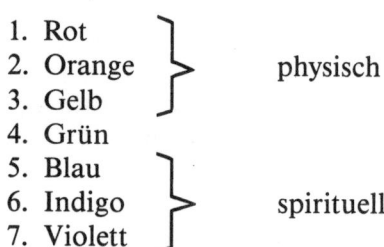

1. Rot
2. Orange ⎫
3. Gelb ⎬ physisch
4. Grün ⎭
5. Blau ⎫
6. Indigo ⎬ spirituell
7. Violett ⎭

Arrangement: Koralle−Türkis

Edelsteine: In Stein gebundene Kräfte des Kosmos

Das weiße Licht der Kristalle

Edelsteinmandala (zum Text siehe Seite 64)

DER ÄTHERLEIB

Der physische Körper besteht aus

1. dem Sichtbaren, dem dichten stofflichen Körper

2. dem Unsichtbaren, dem ätherischen Doppel- oder Prana-Leib. Sichtbarer und unsichtbarer Körper funktionieren auf der physischen Ebene und werden vom menschlichen Geist beim physischen Tode abgelegt.

Materie, die uns als massiv und fest erscheint, ist dies nicht. Sie besteht aus Atomen, die sich wiederum aus Elektronen und Protonen zusammensetzen. Diese werden durch elektromagnetische Kräfte zusammengehalten. Somit besteht Materie aus winzigen, positiven und negativen elektrischen Ladungen, die frei sind und in einer Ordnung miteinander in Verbindung stehen durch jenes unsichtbare, universale Element, das Äther genannt wird.

Der Äther ist eine überall vorhandene, kosmische Substanz, die den ganzen Raum füllt und das Medium bildet, durch das jegliche physisch-ätherischen Kräfte die Erde und uns selbst berühren. Es gibt viele verschiedenartige Ätherschwingungen. Einige davon sind Licht, Wärme, Farbe, Elektrizität, usw. Der Äther ist das wichtige Bindeglied zwischen den physischen Sinnen und den höheren kosmischen Kräften.

Bevor wir nicht erkennen, daß unsere gewöhnlichen Sinne nur auf einen sehr begrenzten Bereich von Schwingungen reagieren, und daß darüber hinaus ein riesiges All voller Leben und Aktivität existiert, können wir nicht hoffen, unsere innere Wahrnehmung zu vervollkommnen.

Der Ätherleib strahlt etwa vier Zentimeter über die Oberfläche des grobstofflichen Körpers hinaus und ist von matt goldener Farbe. Im Krankheitsfalle soll die natürliche Behandlung die erschöpften Kräfte des Ätherleibes wiederaufbauen, indem Farbschwingungen im Bereich der jeweiligen Chakras eingesetzt werden. Farbe ist die große, kosmische Heilungskraft, die unmittelbar auf die Ätherzellen einwirkt und sie neu belebt. Wenn ich Edelsteine auf den Körper lege, so wirkt sich das in erster Linie auf den Ätherleib aus, der wiederum den grobstofflichen, physischen Körper beeinflußt.

DIE AURA

Die aurische Ausstrahlung — sie besteht aus sieben verschiedenen Lichtwellen-Bändern — umhüllt jeden Menschen eiförmig wie ein leuchtender Nebel, eine Lichtwolke.

Die Aura ist die Essenz des menschlichen Lebens. Sie offenbart Charakter, Gefühlswelt, Denkfähigkeit, Gesundheitszustand und die Stufe der geistigen Entwicklung. Sieben verschiedene Zustände finden sich in der Aura. Sie sind jedoch nicht voneinander getrennt, sondern gleichsam Gedankenströmungen und Empfindungen, die gemeinsam im Meer des Bewußtseins fließen. Sie durchdringen und überschneiden sich gegenseitig.

physisch	1. physisch-ätherische Ebene
	2. Astral-Ebene
	3. niedere Mental-Ebene
	4. höhere Mental-Ebene
	5. spirituell-kausale Ebene
spirituell	6. Intuitional-Ebene
	7. göttliche, absolute Ebene

Die ersten vier Ebenen beziehen sich auf das gewöhnliche Erdenleben, die anderen drei auf das Geistige.

Der Schlüssel ist in der Natur des Menschen zu finden. Der Mensch ist ein siebenfältiges Wesen, das sich gemäß dieser sieben Lebensebenen entwickelt.

Die Aura mit ihren sieben Aspekten ist ein Schlüssel zu Seele und Charakter des Menschen.

Das Ziel esoterischer Farbenlehre ist es, die sieben reinen Strahlen in die Aura einzubringen — die sieben Juwelen der Yogis —, so daß Körper, Seele und Geist neu belebt werden, geheilt, verwandelt und von innen beseelt.

ASPEKTE UND ANWENDUNG DER FARBEN

Jede Farbe hat sieben Aspekte: Sie belebt, regt an, heilt, klärt, versorgt, inspiriert und erfüllt.

Die Wissenschaft von den Farben hat verschiedene Anwendungsbereiche:

— therapeutisch — Behandlungen mit Farben und Steinen
— psychologisch — Einfluß der Farben auf Denken und Fühlen
— esoterisch — Symbolik und Eigenschaften der Farben und der verschiedenen Farbbereiche in der Aura

CHAKRAS

Das weiße Licht kommt durch die Aura herein. Jeder der sieben Strahlen erfüllt das jeweilige Seelenzentrum oder Chakra mit seiner bestimmten Qualität. Jedes Chakra nimmt eine bestimmte Strömung der vitalen Energie durch seinen entsprechenden Farbstrahl aus der physischen Umwelt oder aus höheren Bewußtseinsebenen auf. Es gibt besondere Wege für die Farbkraft. Das sind die ätherischen Organe, die durch Denken und Empfinden unmittelbar auf den stofflichen Körper einwirken.

Die sieben Strahlen beziehen sich auf folgende sieben Chakras und zeigen entsprechende Eigenschaften:

1.	Rot	Basis-Chakra	Leben
2.	Orange	Milz-Chakra	Energie
3.	Gelb	Solarplexus-Chakra	Intellekt
4.	Grün	Herz-Chakra	Harmonie u. Sympathie
5.	Blau	Kehl-Chakra	religiöse Inspiration
6.	Indigo	Stirn-Chakra	Intuition
7.	Violett	Scheitel-Chakra	Spiritualität

MUSIK

>>*Die Kundalini ist ebenso Musik wie Farbe,
sie ist ein Regenbogen wie ein vollendetes Lied.*<<

Sowohl Farbe als auch Töne sind Schwingungsphänomene. Die Musik beruht auf dem Grundprinzip des Rhythmus im Universum. Da jene Rhythmen der eigentlichen Manifestation des Kosmos vorausgingen, kann man folgern, daß mit dem ersten

23

Atem der göttlichen Schöpfung Musik entstand. Musik ist unter den Künsten die erste, die höchste und die wichtigste.

Jeder Ton strahlt eine bestimmte Farbe aus und nimmt eine bestimmte Form an. Jede Form gibt einen Ton von sich, und dieser Ton ist ihr Grundton. Alles Geschaffene, vom Molekül bis hin zum Menschen, von Stein und Pflanze bis hin zum Sonnensystem, hat seinen eigenen Grundton. Winde folgen bestimmten Rhythmen, und auch der Wellenschlag hat seine Ordnung. All diese Töne zusammen bilden die Musik der Sphären. Auch der Körper des Menschen wäre ein Beispiel: Das Schlagen des Herzens, das Pulsieren des Blutes, das Spiel der Muskeln, das Ein und Aus des Atems — alle sind Teil dieser großen Leibes-Symphonie.

Alle Steine senden durch ihre verschiedenen Schwingungsraten und Farben Töne aus, die sehr heilkräftig sind. Der Kristall, ein vorzüglicher Empfänger und Sender für elektrische Energie, gibt Schallwellen hoher Frequenz ab. Von sensitiven Menschen wurden diese schon gehört und »Musik der Kristalle« genannt. Denen, die darauf eingestimmt sind, kann diese Musik helfen, ihr Bewußtsein auf eine höhere Stufe zu erheben.

Die Musik der Kristalle und Steine, die noch verhältnismäßig unbekannt ist, könnte begabte Musiker und Heiler im Bereich der sich immer weiter verbreitenden kosmischen Heilungsmusik inspirieren. Auf dieser Stufe unserer Entwicklung entdecken und erkennen wir, wie Musik und Töne den physischen Körper zu Ruhe und Heilung bringen können und darüber hinaus Qualitäten in Seele und Geist des Menschen zu verwandeln und fördern vermögen.

> *»Musik ist eine Kunst, die erfüllt ist*
> *von der Kraft, in die Tiefe der Seele zu dringen*
> *und uns einzutauchen in die Liebe zur Tugend.«*

PLATO

Kapitel 2

Der Regenbogen
und die sieben Strahlen

DER REGENBOGEN

Der Regenbogen offenbart uns ein wunderbares Geheimnis in der Schönheit und der geistigen Substanz der sieben Strahlen. Im Geist der Strahlen sind alle Möglichkeiten der höchst dynamischen Kräfte und Fähigkeiten konzentriert. Sie umfassen die Möglichkeiten des absoluten Seins. Der Regenbogen ist eine kosmische Verkündigung der jedem von uns innewohnenden Göttlichkeit. Das leuchtende Farbenspektrum des Regenbogens erinnert uns daran, daß die Farbenreihe das Ziel hat, alles Leben zu veredeln und zu vergeistigen. Die Gemeinschaft mit der Seele der Farbe erhebt uns über die Bereiche der Stofflichkeit hinaus, hoch hinauf in die Sphären des Geistes und in den kosmischen Raum, denn Licht ist universal und unendlich.

Seine Botschaft sagt uns auch, daß eine Entwicklungsstufe erreicht ist, auf der das menschliche Leben einen siebenfältigen Leib gebildet hat. Sieben kosmische Töne kommen auf die Erde hernieder in Gestalt der sieben Noten unserer diatonischen Tonfolgen. Der Regenbogen schwimmt in siebenstrahligen Farbwellen, wodurch die sogenannten sieben schlummernden Juwele des siebenfältigen Leibes erweckt werden. Dieses Einswerden von Farbe und Ton ist ein Symbol des Himmelreiches im Innern, in jedem seiner vielen Aspekte.

In der östlichen Tradition gibt es Hinweise auf einen sogenannten Regenbogenkörper, der durch ausgiebiges Praktizieren der Yoga-Lehren erreichbar ist. Der physische Körper ist dabei verwandelt in einen strahlenden, herrlichen Leib. Dies ist, verglichen mit Christus, der höchste erreichbare Leib. In diesem Zustand soll der Yoga-Meister über ganze Zeitalter hinweg leben können, wobei er nach eigenem Willen in jeder beliebigen Lebensform im Universum erscheinen oder diese wieder verlassen kann.

DIE STRAHLEN

Die Strahlen sind geistige Kräfte, die vom weißen Licht ausgehen. Sie schwingen fortwährend nicht nur auf der Erdoberfläche, sondern auch oberhalb und unterhalb derselben und hüllen den ganzen Erdball in Ströme endloser, unerschöpflicher Energie.

Für den Makrokosmos gelten die gleichen Gesetzmäßigkeiten wie für den Mikrokosmos; dieselben Strahlen und Kräfte umgeben und durchdringen jeden Menschen. An der negativen, linken Körperseite fließen sie hinab und auf der positiven, rechten Körperseite wieder nach oben.

Diese mächtigen Farbschwingungen sind unsere wahren Kraftquellen, jede einzelne hat dabei ihre bestimmten wie auch allgemeinen Aufgaben und Funktionen.

Jeder Mensch inkarniert unter einem bestimmten Strahl und wird von anderen, untergeordneten Strahlen beeinflußt.

Ziel und Brennpunkt der Strahlen und Schwingungen ist die Aura, das lichte Strahlungsband, das alle Lebewesen umgibt.

Wir sind also allzeit von Farbe umgeben, die eine kosmische Macht und damit eine gewaltige Kraft ist. Sie wirkt durch uns, in uns, in jedem Nerv, jeder Zelle, jeder Drüse und jedem Muskel. Sie leuchtet in unserer Aura und strahlt aus der Atmosphäre auf uns.

Ihrem Wesen nach ist Farbe etwas Geistiges.

DIE DREIHEIT DER GRUNDFARBEN

Die Quelle oder die Sonne enthält in sich praktisch alles, woraus die Erde aufgebaut ist. Die Spektralfarben geben Anzeichen für verschiedene Metalle und Gase, die in Ätherform abgegeben werden. Einige nennt man thermisch, andere dagegen kalt oder elektrisch.

Drei Primärfarben zeigen sich in dem weißen Licht: Rot, Gelb und Blau. Sie korrespondieren mit den drei chemischen Grundelementen Wasserstoff, Kohlenstoff und Sauerstoff. Diese dreifache Kraft wirkt unmittelbar im Sinne der Förderung des menschlichen Wachstums im Physischen, Mentalen und Spirituellen.

Im höchsten Himmelsbereich manifestiert sich das Ego als ein blaues Licht. Auf seinem Abstieg zur körperlichen Geburt wird es zu einem gelben Funken und nimmt schließlich auf der dritten Stufe seiner Herabentwicklung die Schwingung der roten Farbe an.

Der blaue, kühlende, beruhigende Strahl wird von dem geistigen Zentrum im Kopf aufgenommen und erweckt im Innern des Menschen ein Wissen um seine innewohnende Göttlichkeit.

Der gelbe Strahl regt die mentale Entwicklung über das Gehirn an.

Der rote, thermische Strahl liefert dem physischen Körper seine Nahrung; er findet Einlaß mit dem Atem.

Auch die folgenden Prinzipien gehören zusammen:

Wir wollen in Blau — Wille

Wir denken in Gelb — Weisheit

Wir fühlen in Rot — Tätigkeit

Wenn Blau in Harmonie ist mit Gelb und Rot, herrschen Frieden und Ausgeglichenheit in Körper und Geist.

Aus diesen drei Grundfarben leiten sich die Sekundärfarben ab:

Orange ist eine Mischung aus Rot und Gelb

Grün ist eine Mischung aus Gelb und Blau

Indigo ist eine Mischung aus Orange, Grün, Blau und
  Purpur

Violett ist eine Mischung aus Rot und Blau

Das Farbspektrum oder die sieben Strahlen eröffnen uns durch die Eigenschaften jedes Strahls die Geheimnisse des Kosmos. Das gleiche gilt es, auf die Steine zu übertragen, um ihre Heilkraft wirklich zu verstehen. Die Edelsteine tragen die Schwingung desjenigen Farbstrahles mit sich, auf den sie eingestellt sind. Im nächsten Abschnitt möchte ich eine Listung der verschiedenen Strahlen mit den zugeordneten Chakras sowie den Edelsteinen bringen, die diese Schwingungen tragen. Beschäftigung mit den Farben und Verständnis für ihre Wirkungen sind die Grundlagen für die Verwendung der Steine zum bewußten Heilen.

Wenn wir also beispielsweise an die Primärfarben denken, können wir dabei folgendes assoziieren:

Blau — Spiritualität — alle blauen Steine (Saphir, Lapis
Lazuli usw.)
Gelb — Weisheit — alle gelben Steine (Bernstein, Topas
usw.)
Rot — Vitalität — alle roten Steine (Koralle, Rubin usw.)

DIE SIEBEN CHAKRAS, STRAHLEN UND DAZUGEHÖRIGEN STEINE

1. Chakra, Basis-Chakra — Rot — alle roten Steine:
Rubin, Koralle, Granat, Roter Jaspis, Blutjaspis

Rot ist die symbolische Farbe des Lebens, der Kraft, Vitalität,
der Körperhaftigkeit. Experimente haben gezeigt, daß Pflanzen unter Einwirkung roten Lichts viermal schneller wachsen
als in gewöhnlichem Sonnenlicht. Langsamer ist das Wachstum
in blauem und grünem Licht. Rot regt die Lebenskraft an, während Blau und Grün sie bremsen. In der Natur finden wir Rot
in Verbindung mit Feuer, Hitze, Zorn — als Zornesröte in diesem Falle. Rot ist die Farbe des Feuers. Das Rot des irdischen
Feuers verwandelt sich in ein Goldgelb des reinen, ansteigenden
Geistes. Rot ist hervorragend bei allen Blutmangelzuständen
und Krankheiten wie Anämie. Rot sollte auch Anwendung finden bei Auszehrung, bei der Tendenz zu blauen Händen und
Füßen in der Kälte, bei mangelhafter Ernährung, Depressionen
und Lethargie. Rot hat eine wärmende, anregende Schwingung.
Es ist die vorherrschende Farbe bei primitiven Menschen. Rosarot ist die universale Farbe der Harmonie.

2. Chakra, Milz-Chakra — Orange — alle orangen Steine:
Karneol, Feuer-Opal, oranger Jaspis

Orange ist die Symbolfarbe der Energie. Orange ist warm, positiv, anregend und beeinflußt hauptsächlich die wichtigen
Aspekte Nahrungsaufnahme und Kreislauf. Es regelt die Auf-
nahme der Nahrung in den Organismus. Orange ist sehr wichtig für Gesundheit und Lebenskraft. Es ist gebildet aus Rot und
Gelb. Rot ist die Persönlichkeit, Gelb ist die Weisheit. Durch ei-

ne Integration dieser beiden können wir den Zorn überwinden und zur Selbstkontrolle gelangen.

3. Chakra, Solarplexus-Chakra — Gelb — alle gelben und goldgelben Steine:
Topas, Zitrin, Bernstein

Gelb ist die Symbolfarbe von Denken und Intellekt, hoher Intelligenz und Weisheit — der mentalen Ebene. Es hat eine positive, magnetische Schwingung mit anregender Wirkung auf die Nerven. Das Sonnengeflecht ist das organisierende »Oberhaupt« des Nervensystems. Es ist unsere »Sonne«, unser Kraftzentrum, und so ist es sehr wichtig, daß es vollkommen ausgeglichen ist. Gelb ist eine stark ausgleichende Kraft bei Störungen des Nervensystems, die sich auf das Sonnengeflecht auswirken. Menschen, die zuviel vom roten Strahl in sich aufgenommen haben, sind gewöhnlich mager und abgehärmt, während Blau im Übermaße eine Tendenz fördert, dick und phlegmatisch zu werden. Der gelbe Strahl hat die Kraft, solche Zustände auszugleichen. Weiterhin kann er heilend auf die Zuckerkrankheit und auf Verstopfung einwirken.

4. Chakra, Herz-Chakra — Grün — alle grünen Steine:
Smaragd, grüner Trumalin, Malachit, Jade, Chrysopras, Dioptas, Peridot, Aventurin, Moos-Achat, grüner Jaspis

Grün ist die Farbe der Harmonie und Sympathie, der Kreativität, Gesundheit und Fülle, die Farbe der Natur. Die Schwingung von Grün ist als ausgleichendes Mittel besonders wichtig für das Nervensystem. Grün erregt nicht, entzündet nicht, stört nicht. Grün ist die Verbindung von Gelb (Seele) und Blau (Geist). Im Spektrum hat es seinen Platz in der Mitte, zwischen den ersten drei Strahlen, die sich mehr auf den physischen Aspekt beziehen, und den letzten drei Strahlen, die sich auf den geistigen Aspekt beziehen. Grün breitet sich in der Horizontalen aus, Blau streckt sich senkrecht nach oben. Gemeinsam bilden sie das Kreuz, das Symbol des Lebens. Diese Farbe Grün, die die Natur überall ausstrahlt — in Feldern, Wiesen und Wäldern — regeneriert das erschöpfte Nervensystem und spendet neue Energie. Wegen seines starken Einflusses auf das Herz, das Zentrum des Blutsystems, ist Grün auch von großer Hilfe bei Herzproblemen und Blutdruckanomalien.

5. Chakra, Kehl-Chakra — Blau — alle blauen Steine: Saphir, Lapislazuli, blauer Topas, Sodalith; auch blaugrüne Steine wie Aquamarin, Türkis, Chrysokoll

Blau ist die Farbe der Inspiration, Frömmigkeit, Unendlichkeit und religiöser Bestrebungen. Blau erhebt, erhöht, und inspiriert, dem Göttlichen zuzustreben. Blau hat eine ruhige, friedvolle Ausstrahlung, die auch den Schlaf herbeiführen kann. Blau bezieht sich auf das Kehl-Chakra, das Chakra der Reinheit. Die Kehle ist der Ort, wo das gesprochene Wort gebildet wird. Über dieses Chakra kann der in jedem von uns innewohnende Geist die Kommunikation mit der Außenwelt herstellen und Empfindungen Ausdruck geben. Der blaue Strahl ist heilkräftig bei Hals- und Kehl-Leiden und -Blockaden. Blau assoziiert man mit einem Mangel an Wärme. Die Anwendung dieses Strahls ist angezeigt bei Entzündungen, inneren Blutungen oder nervösen Beschwerden. Er wirkt kühlend, lindernd, beruhigend, blutstillend und heilend. Tiefes Dunkelblau spricht für ungeheuer intensive Kräfte, Hell- und Azurblau für hohe ethische Inspiration.

6. Chakra, Stirn-Chakra — Indigo — alle indigoblauen Steine: indigoblauer Saphir, Azurit

Der indigoblaue Strahl ist Symbol der mystischen Grenzgebiete, geistiger Fertigkeiten, Selbstbeherrschung und Weisheit. Er hilft bei der Öffnung des dritten Auges, des inneren und äußeren Sehvermögens. Er öffnet die Pforten des Unterbewußten und findet den Zugang zu lange in der Seele verborgenen Erinnerungen. Er ist die Brücke zwischen dem Endlichen und dem Unendlichen. Er bannt die negativen Elemente aus dem Bewußtsein und kann höhere Aspekte fördern und aufbauen helfen. Er ist uns Stütze und Weisung auf der inneren Reise zu kosmischem Wissen und ewigen Wahrheiten. Dieser Strahl ist sehr wichtig bei der Behandlung geistiger Störungen, und er lenkt intensive wissenschaftliche Forschung und philosophische Suche.

7. Chakra, Scheitel-Chakra — Violett — alle violetten Steine: Amethyst, Fluorit

Violett ist der Strahl des geistigen Mysteriums. Es ist die höchste und feinste Form des gebrochenen Lichtes, die mit den höchsten Aspekten des menschlichen Wesens korrespondiert. Violett ist — dem roten Licht entgegengesetzt — die Krone des Farbspektrums. Diese höchste Schwingung ist eine Mischung von Rot (Materie) und Blau (Geist), in der der Prozeß der Transformation zuweilen schmerzhaft zu verspüren ist. Die dunkleren Violett-Töne werden denn auch mit Leid assoziiert.

Tiefer Purpur ist Symbol höchster spiritueller Errungenschaft, Blaß-Lila steht für kosmisches Bewußtsein und Liebe zur Menschheit, Purpurblau für edlen Idealismus.

Der violette Strahl ist von Hilfe bei Schlaflosigkeit und nervösen Leiden, die mit Geistesstörungen zusammenhängen.

Im antiken Griechenland und Ägypten wußte man um die Kräfte der Farben. Man baute Farb-Tempel, deren sieben Räume von je einem der sieben farbigen Strahlen beherrscht wurden. Dorthin wurden Menschen zur Gesundung von Körper und Geist sowie zur Vertiefung spirituellen Verstehens und Erlebens gebracht. Jene antiken Kulturen wußten um die Macht der Strahlen und wendeten sie an. Auch heute brauchen wir das Wissen, daß jede der sieben großen Farben bestimmte Zentren des physischen Körpers anspricht. Jede Farbe hat in der Entwicklung unseres Lebens eine bestimmte Aufgabe zu erfüllen. Farbe ist — wie auch andere Energiekräfte in der Natur — entweder positiv oder negativ. Sowohl die biologischen wie auch die psychologischen Eigenschaften müssen verstanden sein, um sie dem einzelnen und den jeweiligen Umständen angepaßt einsetzen zu können. So kann derselbe Mensch beispielsweise an einem bestimmten Tag einen roten Stein für seine Vitalität brauchen, eine Woche später jedoch einen grünen, um Harmonie zu erlangen.

Wir sind immer von kosmischen Farben umgeben. Das hilft uns zu erkennen, daß wir beim Aufstieg ins Geistige im mentalen, ethischen und physischen Aspekt zugleich die Sensitivität für das Licht, für Farbe und Steine entfalten.

DIE ANWENDUNG VON FARBEN UND STEINEN

Die folgenden Angaben sollen ein Schlüssel zum Einsatz der verschiedenen Strahlen und der ihnen zugeordneten Edelsteine sein, um der Wiederherstellung der Gesundheit auf drei Ebenen zu dienen — auf der physischen, der mentalen und der spirituellen Ebene.

physisch —
    beruhigend: alle grünen Steine
    belebend: alle orangen Steine
    inspirierend und anregend: alle roten und rosa Steine

mental —
    beruhigend: indigoblaue und grüne Steine
    belebend: grüner Smaragd und königsblauer Lapislazuli
    inspirierend und anregend: gelbe und goldgelbe Steine wie Topas und Bernstein, auch violette Steine wie Amethyst

spirituell —
    beruhigend: hellblaue Steine (z. B. Topas, Saphir)
    belebend: goldgelbe und blaßrote bis rosafarbene Steine
    inspirierend und anregend: alle violetten und purpurnen Steine

Die Farben der Steine lassen sich auch in der Meditation als Hilfe zur schnelleren Öffnung der Zentren der Hypophyse und Epiphyse verwenden. Die den Kopfzentren zugeordneten Farben sind: Indigo — Hypophyse (also z. B. indigoblauer Saphir); Violett — Epiphyse (also z. B. ein Amethyst).

WEISS UND SCHWARZ:
ALLE FARBEN — KEINE FARBE

Weiß und Schwarz stehen symbolisch für schöpferische Aktivität. Mit diesen beiden »Farben« verbindet sich ein wunderbares Geheimnis, das an die tiefsten Rätsel des Universums rührt. Frühe Alchemisten überlieferten viele Lehren über die kontrastierenden Kräfte von Weiß und Schwarz und die durch eine

Verschmelzung der beiden zu erreichenden Ergebnisse. Das vollkommene Gleichgewicht beider Kräfte nennt man Polarität. Wahrheit ist Polarität. Wenn wir diesen Gleichgewichtszustand erlangen, wird eine neue Erde geschaffen werden. Wenn Weiß und Schwarz verschmolzen sind, hat die Entwicklung der Menschheit ihr Ziel erreicht: das Göttliche.

Weiß, die Yang-Farbe, enthält in sich alle Farben des Spektrums; es steht für das Maskuline, für die göttliche Lebenssubstanz. Weiß ist aktiv, positiv, enthüllt alles, ist dynamisch und anregend. Dieses Prinzip steht symbolisch für den kosmischen Tag, das höchste Sein. Der machtvolle weiße Strahl betrifft nicht so sehr körperliche, sondern geistige Heilung bzw. Erleuchtung. Sein Brennpunkt ist der Scheitel, wo das Licht über die Epiphyse in Verbindung mit dem Körper steht. Es wird als Schutz des physischen wie auch des Mental-Körpers gebraucht. Es gibt verbürgte Fälle, in denen Menschen in Not durch eine Schutzhülle aus weißem Licht geradezu wunderbar bewahrt wurden. Zu den weißen Steinen zählen Mondstein, Opal und Perle.

Schwarz, die Yin-Farbe, steht symbolisch für das feminine form- und gestaltgebende Prinzip. Das Lebensprinzip bedarf der Form, durch die es sich offenbart, um auf der physischen Ebene sichtbar zu werden. Das Yin-Prinzip ist das negative, passive, alles verbergende. Es ist der Nährboden des Unendlichen, des Unoffenbarten. Es symbolisiert die Nacht im Kosmos, die Geheimnisse der Inkarnation, das Abstrakte. Die höchsten Wahrheiten enthüllen sich denen, die den Mut haben, das Sicht- und Hörbare hinter sich zu lassen und in die große Dunkelheit vorzudringen, die dem Licht des Ewigen vorausgeht: den leeren Raum. »Das Dunkel in der Finsternis ist das Tor zum Geheimnis« (Tao-Lehre). Schwarz untersteht der Herrschaft des Saturn, der auch als Hüter der Schwelle den Blick auf das Jenseits verwehrt. Schwarz ist das noch Gestaltlose, das im Innern nicht Wahrnehmbare oder sichtbar Schaffende. Schwarze Steine sind der schwarze Turmalin, der Onyx, der Gagat, der Obsidian.

DIE TIERKREISZEICHEN UND IHRE STEINE

Der menschliche Leib korrespondiert in seinem Erscheinungs-
bild mit den Positionen der Planeten zur Zeit der Geburt. Dies
geschieht auf der Grundlage der einzelnen Tierkreiszeichen, die
archetypische Grundmuster verkörpern.

Steinbock — Januar — schwarze und weiße Steine
In diesem Zeichen treffen das Geheimnis der dunkelsten Nacht
und der Herrlichkeit des Lichtes zusammen. Es ist Symbol für
die Überquerung der Brücke der Finsternis, bevor man die
Strahlung des großen weißen Lichtes erreicht. Die Überwindung des Ungeheuers in einem selbst ist das Ziel.

Wassermann — Februar — klare, blaue Steine
Die unter diesem Zeichen Geborenen werden zu neuen, unent-
deckten Wahrheiten geführt und erhoben. Sie fördern Kommunikation und Gruppenarbeit; ihr Ideal ist das Einssein des Ganzen, die Ganzheit des Einen.

Fische - März — opak-blaue und indigo Steine
Dieses Zeichen ist Symbol des Kampfes, den das Geistige führt,
um die Menschheit aus den Klauen der Habgier zu befreien.
Unter diesem Zeichen Geborene sind zu liebevollem, selbstlosen Dienen hingezogen, dem einzigen Weg zur Überwindung.

Widder — April — rote Steine
Schlüsselwort dieses Zeichens ist Aktivität, die sich im Physi-
schen als Initiative, Streben, Kreativität zeigt, sowie als geistige
Unternehmungslust und Wagemut mit dem Ziel einer besseren
Welt für die Menschen auf einer höheren Ebene. Die Widder-
Geborenen können die ganze Skala vom Rot bis zum Weiß ver-
treten, vom Tiefsten bis zum Höchsten.

Stier — Mai — gelbe und rosa Steine
Diesem Zeichen zugeordnet sind die Begriffe Liebe und Weisheit. Die eigentliche Funktion der Weisheit ist die Erleuchtung
des Denkens durch die Macht der Liebe. Die unter dem Zeichen
Stier Geborenen haben eine gute Verbindung zu den Produkten

unserer Erde. Ihr Ziel ist, die Liebe zum Persönlichen in die Liebe zu selbstlosem Dienen zu verwandeln. Beständigkeit und Ausdauer — Eigenschaften, die dem geistig erwachten Stier-Geborenen innewohnen — werden die Suche nach dem Selbst in Selbstlosigkeit wandeln und die Neigung zum Besitzen in den Impuls zum Mit-Teilen. Frieden, Fülle und Schönheit sind Erkennungszeichen des erleuchteten Stiers.

Zwillinge — Juni — violette Steine
Zwillinge ist das Zeichen der Dualität. Es ist Symbol für Leben und Tod, Freude und Kummer, Gesundheit und Krankheit, Fülle und Armut, Licht und Dunkel. Durch Erhaltung und Verwandlung der Kundalinikraft im Körper kann jedoch das Gesetz des Wechsels und Todes überwunden werden. Das ist das geistige Streben dieses Zeichens.

Krebs — Juli — grüne Steine
Das Zeichen Krebs wird als der Weg zum Leben bezeichnet. In seinen mystischen Wassern werden Samen des Lebens geboren. Grün ist die Farbe der Natur auf diesem Planeten. Leben und Liebe sind im geistigen Bereich gleichbedeutend, deshalb ist das neu Entstehende, das neu Geborene aus der Macht der Liebe Botschaft und Bestrebung dieses Zeichens.

Löwe — August — goldgelbe oder orange Steine
Die Liebe ergießt sich durch die Sonne auf die Erde; der Strahl der Sonne ist golden. Gold ist eine andere Ausdrucksform des orangen Strahls, der eine Verbindung des gelben Strahls der Weisheit mit dem roten Strahl der Aktivität ist: Tätigkeit, inspiriert von Weisheit. Das Herz ist das Sonnenlichtzentrum für ein erleuchtetes Leben. Göttlichkeit und Demut sind Schlüsselbegriffe für die Meditation der Löwe-Geborenen. Die Hauptaufgabe, das löwische Ego zu töten, ist ein langwieriger und schwieriger Prozeß, der in viele Konflikte führt, endlich aber die Erkenntnis bringen wird, daß die Liebe die Erfüllung des Gesetzes ist. Liebendes Verstehen unter Völkern ebenso wie zwischen Individuen ist es, das schließlich die Offenbarung dieses Neuen Zeitalters sein wird.

Jungfrau — September — purpurne Steine
Unter diesem Zeichen wandelt sich Vernunft zu Weisheit. Wissen und Verstehen schaffen Weisheit. Der Verstand allein dreht sich um Äußerliches, Weisheit kommt aus dem Herzen. Es ist nicht möglich, mit Vernunftmitteln Erleuchtung zu erlangen; Vernunft muß zu Weisheit transformiert werden.

Waage — Oktober — gelbe Steine
Waage ist ein Luftzeichen, das dem Denken zugeordnet wird. In der Natur signalisiert diese Zeit einen entscheidenden Wendepunkt. Es ist die Zeit der Herbst-Tagundnachtgleiche. Waage ist Symbol der Prüfung, durch die wir alle hindurch müssen. Hier finden Sommer und Winter ihren Ausgleich. Waage steht symbolisch für die Überwindung des niederen, trennenden Selbst und die Entfaltung der Liebe, die zur Einheit führt.

Skorpion — November — intensiv rote, klare Steine
Skorpion ist eines der stärksten Zeichen. Seine Kraft entfaltet sich über ein weites Spektrum, von den tiefsten Tiefen bis in die größten Höhen: der am Erdboden kriechende Skorpion und der zur Sonne emporsteigende Adler. Transformation ist der Schlüsselbegriff dieses Zeichens, die Läuterung der Tiernatur und Anhebung der Kräfte auf eine höhere Ausdrucksebene. Durch Beherrschung unseres niederen Wesens erlangen wir große Kräfte.

Schütze — Dezember — tiefblaue Steine
Dieses Zeichen ist Symbol des Tier-Menschen, der sich auf seine potentielle Göttlichkeit zubewegt mit dem antreibenden Impuls hohen Idealismus und edler Bestrebungen. Schütze steht für die Zahl Neun in der Einweihung. Ein vergeistigtes Denken ist der höchste Ausdruck des Schützen.

DIE VIER ELEMENTE IM TIERKREIS

Feuer, Luft, Erde und Wasser sind die vier Ausdrucksmittel, von denen wir im Laufe unserer fortschreitenden Entwicklung Gebrauch machen.

Feuer: Widder (rot), Löwe (orange-golden) und Schütze (tief- bis purpurblau) repräsentieren die reine Flamme des Geistes.

Luft: Zwillinge (tief violett), Waage (gelb) und Wassermann (türkis, indigo) repräsentieren die Macht des Denkens.

Wasser: Krebs (grün, silber), Skorpion (rot) und Fische (blau) repräsentieren das Gefühlswesen.

Erde: Stier (gelb und rosa), Jungfrau (klar violett) und Steinbock (indigo, schwarz und weiß) repräsentieren den Tempel des physischen Leibes.

Alle, die unter einem der ersten vier Strahlen geboren sind (Rot, Orange, Gelb und Grün), werden feststellen, daß sie mehr Energie für ihre Ziele sammeln können, wenn sie sich auf die magnetischen Schwingungen der Erde beziehen. Um sich von Krankheiten und Belastung zu erholen, können sie Energie von der Erdoberfläche durch ihre Fußsohlen heraufziehen nach oben durch die Basis der Wirbelsäule. In natürlicher Umgebung werden sie sich erfrischt und wie neu belebt fühlen.

Alle, die unter den drei letzten Strahlen geboren sind (Blau, Indigo, Violett), beziehen ihre Kraft und Energie aus den elektrischen Ätherströmungen.

Diese Regel wollen wir im Sinne behalten und nach Harmonie mit dem Farbenstrahl trachten, der die Kraft unseres Seins und seiner verschiedenen Aspekte ist.

REGENBOGEN-VISUALISIERUNG

Zuerst wollen wir uns vorstellen, daß wir völlig umgeben sind von weißem Licht. Dieses Licht atmen wir ein, baden darin, nehmen es in uns auf. Wir werden eins mit diesem weißen Licht.

Dann sehen wir, wie tief aus der Erde Farben aufsteigen. Zuerst sehen und empfinden wir in unserem ersten Chakra das Ur-Feuer, das ROT des Lebens, des Blutes, der Schöpfung. Dieses Rot steigt empor zum zweiten Chakra und wird zum ORANGE, der Farbe der untergehenden Sonne. Dieses Orange durchstrahlt unser ganzes Wesen und gibt uns Kraft und Energie. Dies Feuer des Shiva verwandelt sich nun, wie es zum dritten

Chakra emporsteigt, in ein leuchtendes GELB oder Goldgelb. Es ist zum strahlenden Gelb der Mittagssonne geworden. Unsere eigene kraftspendende Sonne strahlt. Wir fühlen das Chakra in uns. Unsere ersten drei Chakras im unteren Teil des Körpers stehen miteinander in Verbindung; sie empfangen aus der Erde.

Nun verspüren wir im vierten oder Herz-Chakra das smaragdene Grün des Wachstums, der Kreativität. Wir denken an unsere Familie, an die Pflanzen und Bäume. Wir empfinden Harmonie, Ruhe, Frieden. Es ist, wie wenn wir auf einer stillen, friedvollen grünen Wiese lägen.

Von oben, vom Himmel herab, erreicht nun ein blauer Strahl unser Kehl-Chakra, das fünfte. Der blaue Strahl läßt uns den Gedanken an die riesige Weite und Unendlichkeit des Himmels, des Geistes anklingen. Er läutert unsere Kehle, er läutert unsere Worte.

Dann tritt der indigoblaue Strahl in unser Stirn-Chakra oder drittes Auge ein. Wir erheben uns über die Bereiche der hiesigen Realität und schauen die Wahrheit.

Schließlich nähert sich durch unser siebtes oder Scheitel-Chakra der violette Strahl, die Verbindung der Erde mit dem Himmel, und er hilft uns, unsere Einheit mit dem Kosmos zu verstehen. Wir sind Körper und Geist. Durch diese Erkenntnis erfahren wir die Transfiguration, die Einswerdung des Selbst mit dem Einen. Dies ist unser Tor zur Erleuchtung.

Wir erfahren unseren Körper als einen Regenbogen-Leib, leuchtend in den Farben des Lichtspektrums. Wir empfinden Freude beim Anblick der Leuchtkraft, der Helligkeit und Schönheit dieser Strahlen. Wir sonnen uns im Wunder und Zauber dieser Kräfte.

Die einzigartigen Kräfte und Eigenschaften der Strahlen sind unser Schlüssel zu Wissen und Weisheit. Durch das Verständnis der uns umgebenden Mächte erfahren wir die Möglichkeit, die Kräfte in unserem Innern zu erkennen. Wie oben so unten, wie außen so innen — diese Gesetzmäßigkeit gilt für die 7 Strahlen auf kosmischer Ebene wie im einzelnen Menschen.

Laßt uns fliegen und eintauchen in das Unbekannte, das Unentdeckte, das Unbegrenzte. Laßt uns eine neue Welt schaffen, ein neues Zeitalter des Lichtes, des Friedens, der Schönheit und Harmonie im Innern wie im Äußeren.

Kapitel 3

Das Mineralreich

*»Ich werde wiederkommen aus dem Reich der Steine,
um euch zu bringen Reichtümer an Weisheit und die
Übermittlung des Lichtes.«*

ein Schamane

EIGENSCHAFTEN DES MINERALREICHES

Es gibt drei Reiche: das Mineralreich, das Pflanzenreich und
das Tierreich. Um zur Ganzheit zu gelangen, ist es für jeden
von uns wichtig, die lebendige Kraft wiederzuentdecken, die
das vergessene und unverstandene Mineralreich birgt.

Alle Energie kommt von dem Einen Licht, und alles, was existiert, hat seine individuelle Schwingung. Die Minerale und
Steine haben die niedrigste Schwingungsrate von allen Lebewesen. Das Mineralreich ist der Leib der Erde, und alles, was
wächst, wächst aus ihm heraus. Auch wir kommen aus der Erde
und sind aus den gleichen Elementen geschaffen wie die Erde.
Wir sind nicht selbständig. Wenn wir uns bemühen, entdecken
wir, daß Materie ebenfalls mit Seelenkraft begabt ist.

Die Steine sind wichtige Wesenheiten: lebendig, atmend, in
Verbindung miteinander wirkend, Energie abstrahlend, leuchtend, pulsierend. Sie geben Schwingungen und Frenquenzen
ab, die sehr machtvolle Auswirkungen auf unser ganzes Wesen
haben können, wenn sie zum Heilen, zur Transformation, zum
Ausgleich und zur Einstimmung von Leib, Seele und Geist eingesetzt werden.

ANZIEHUNG UND BOTSCHAFT DER STEINE

Als Kinder waren viele von uns von der Anziehungskraft der
Steine fasziniert und brachten sie mit nach Hause, um sie zu behalten, zu betrachten, in die Hand zu nehmen und zu ihnen zu
sprechen. Später entließen wir diese enge Verbundenheit mit
unserer Mutter Erde im Glauben, es wäre kindisch, Steine zu
behalten. In dem Maß, in dem im Lauf der Jahre unser Ver-

ständnis zunimmt und wir bewußt daran gehen, unsere physische und geistige Ebene zu läutern, zu reinigen und weiterzuverwandeln, entdecken wir, daß ein Teil unseres Wesens empfänglich ist für die Natur und ihre Stimme. Es ist unsere Verantwortlichkeit, wieder ins Gleichgewicht zu kommen und uns in Übereinstimmung zu bringen mit der Macht der Elemente: mit unserer Mutter Erde, unserem Vater Himmel, unserem Großvater Feuer und der Großmutter Wasser. Wir sind eine große Familie.

Steine sind Manifestationen von Licht, Farben, Strukturen, Strahlungen, Transparenz und Leben. Mir erscheint ihre Schönheit wie ein Zauber, ein tiefes Geheimnis. Die Edelsteine sind die Sterne in der Erde, in die die Eigenschaften der Reinheit und des Lichtes geschenkt wurden.

Die Leuchtkraft im Stein weist auf seine hohe Entwicklung hin. Im Mineralreich gibt es diesen Aspekt des spiralartigen Wachstums, das Streben nach Vollendung, nach dem Licht ebenso wie im Reich der Pflanzen, wo sich Stiele und Stämme auch dem Licht entgegenstrecken.

Die Steine haben uns viel zu sagen. Sie sprechen zu uns von Schönheit und Licht. Sie sind die offenbarte Transparenz des Lichtes. Sie sind kristallisiert, um uns Form zu zeigen. Auch wir sind Form. Wir schaffen Form. Die Steine sind unsere Freunde, unsere Brüder und Schwestern. Sie haben geheime Kräfte, die uns helfen können zu wachsen und zu heilen. Gemeinsam können wir eine Welt der Harmonie schaffen. Das Geheimnis des Regenbogens ist in uns allen.

DER STEIN DER WEISEN: PRIMA MATERIA

Die Menschheit besitzt ein Gemeingut, das sie Prima materia nennt. Ihr Symbol ist der Stein der Weisen. Er ist die Ursubstanz, das höchste Prinzip der Welt. Nach dieser Vorstellung sind alle existierenden Elemente oder Erscheinungen bloße Variationen der gleichen Kraft oder Ursubstanz. Diese kann im Reinzustand gewonnen oder wiedergefunden werden, indem man die vielerlei Qualitäten entfernt und auflöst, die sich der Ursubstanz im Laufe ihrer Differenzierung und Spezialisierung angeheftet haben. Wenn es uns also gelingt, zur Reinheit der undifferenzierten Ur-Form der Materie vorzustoßen, haben wir den Schlüssel zum Geheimnis aller schöpferischen Kraft in der Hand. Dieses gründet sich in der Veränderbarkeit aller Elemente und Phänomene.

Verwandlung ist der Schlüssel.

Die Struktur der Steine teilt uns etwas über die Verwandlungen mit, über das Wachsen, Schicht für Schicht, über Tausende von Jahren hinweg. Sie sagen uns, daß Leben Veränderung ist, daß der Prozeß der Evolution, der Weiterentwicklung ein kosmisches Gesetz ist. Wir wurden nach dem gleichen Muster wie die Steine geschaffen, und so gibt es auch einen Punkt, wo wir uns begegnen können.

Die Steine kristallisierten unter der Einwirkung von Hitze und Druck im Innern der Erde und empfingen die Kräfte der verschiedenen Planeten durch die jeweiligen Farbstrahlen. Jeder Stein ist primär auf einen bestimmten Strahl eingestellt und hat die Funktion, einem bestimmten Ziel zu dienen. Ihre Entstehung und Struktur ist ein geheimnisvoller Vorgang, der selbst den Wissenschaftlern ein Geheimnis und Rätsel bleibt, die versuchen, sie mit Begriffen der Chemie zu erklären. Meine Aufgabe ist es nicht, mich im einzelnen über die verschiedenen Substanzen zu äußern, die Steine bilden können, denn das würde noch immer keine Erklärung ihrer Kräfte liefern. Ich glaube, daß bestimmte Dinge im Universum ihr Geheimnis behalten sollen, und daß wir ihre Kräfte aus unseren eigenen Erfahrungen akzeptieren.

DIE WAHL EINES EDELSTEINES

Wir wollen uns vor Augen halten, wie wichtig es ist, daß wir den Steinen unser Herz öffnen. Wir haben unserer Intuition und unserem Empfinden zu vertrauen und dürfen bei der Wahl eines Steines nicht nur versuchen, vernunftsmäßig zu forschen oder zu begründen. Man mag den Wunsch verspüren, einen Edelstein zu nehmen, der dem Tierkreiszeichen entspricht, unter dem man geboren ist, darf sich jedoch nicht durch diesen Wunsch beschränken. Man lasse sich von seinem höheren

Selbst zu dem Stein führen, den man *jetzt* wegen seiner bestimmten Farbe oder Eigenschaften braucht. Es mögen auch zwei Steine sein, die einem bei der Wahl besonders anziehen. Das sind dann die Steine, die zu einem kommen wollen. In einem späteren Kapitel werde ich all ihre Eigenschaften und Verwendungsmöglichkeiten zum Wohle des Ganzen besprechen.

REINIGUNG DER STEINE

Hat man einen Stein gewählt, oder besser gesagt, ist man von einem Stein erwählt worden, so ist es wichtig, daß man ihn reinigt, wäscht oder säubert. Wegen seiner hohen Sensitivität trägt er wahrscheinlich Schwingungen und Eindrücke, die der Reinigung und Läuterung bedürfen, besonders, wenn man den Stein von jemanden erhalten hat (z. B. einem Familienmitglied), der krank war oder gestorben ist. Hierbei sind es nicht die Steine selbst, die negativ wirken, sondern die Gedanken anderer, die an dem Stein haften. Dieser läßt sich in klarem Wasser (dem evtl. etwas Meersalz hinzugefügt wurde) gut waschen. Für eine gründliche Reinigung empfiehlt es sich, den Stein sechs bis acht Stunden unter fließendem Wasser zu lassen. Hat ein Edelstein seinen Glanz verloren, mag man sogar das Bedürfnis verspüren, ihn neu polieren oder schleifen zu lassen. Mit Erdenergie kann man ihn aufladen, indem man ihn über Nacht in der Erde vergräbt und danach kurz abspült.

Wenn die Steine gewaschen sind, lege man sie voll ins Sonnenlicht. Sie werden diese unerlässliche Pflege sehr wohl zu schätzen wissen. Die Sonne ist eine einzigartige Quelle von Energie und Läuterung. Auch die eigenen Gedanken sollte man so rein wie möglich halten; denn wie alle Gedanken und Taten entsprechend dem Karmagesetz auf den Verursacher zurückkommen, so lassen sich Steine mit positiver wie negativer Energie imprägnieren und geben dann diese zurück. Aus diesem Grund bildeten sich so viele Geschichten oder Märchen um Unglück bringende Steine. Es ist nicht der Steine an sich, sondern die Gedanken und Emotionen, die ihn positiv oder negativ aufladen. Es ist das Bewußtsein des Trägers, das zu diesen Geschichten beiträgt.

Versichere dir, daß dein Stein jetzt rein und frei ist von unreinen Gedanken, daß er bereit ist, dir mit seinem Licht zu helfen, daß du ihn annimmst als deinen dir von der Natur gegebenen Verbündeten. Danke ihm, gebrauche ihn, trage ihn, liebe ihn! Sei dir bewußt, daß du und dein Stein einen Zyklus in der Evolution vollenden.

ALTE UND NEUE STEINE

Es gibt alte Steine und junge Steine. Die Erde ergänzt sich ständig neu und stellt ihr Gleichgewicht wieder her. Manchmal mußte ich weinen, wenn ich an Fundgruben kam und sah, wie unsere Mutter Erde geplündert und geschändet wurde aus der Habgier nach wertvollen Steinen. Doch ich empfing eine Botschaft: Die Steine sind Geschenke für uns, damit wir sie bewußt gebrauchen, daß wir sie lieben und schätzen; die Erde schafft neue Steine, um das Gleichgewicht wiederherzustellen. Die Edelsteine sind also Geschenke der Mutter Erde, die unserem Entwicklungsprozeß zur Erleuchtung hin helfen sollen. Die Erde ist reich und voller Überfluß, den sie uns schenkt.

Diesem Umstand wollen wir begegnen, indem wir dankbar und verantwortlich werden unserem ersten Lebensreich gegenüber, dem Mineralreich.

EINHEIT UND VIELFALT

Im Sommer 1983 wurde ich eingeladen, an einer »Weltkonferenz für Schamanentum und Heilung« in Alpbach, Tirol, teilzunehmen. Es war eine gesegnete Zusammenkunft. Als ich am ersten Morgen in einem Kreis mit Schamanen und Heilern der verschiedensten Hautfarben, Nationalitäten, Herkunft und Glaubensbekenntnisse saß, die alle »strahlten«, wurde ich an meine Freunde, die Steine, erinnert. Sie lehren uns, daß Licht der verschiedenen Farben kommt, um die Einheit in allem, die Einheit des Ganzen zu zeigen. Die verschiedenen Wege sind nur unterschiedliche Möglichkeiten, zum gleichen Ziel, zum Mittelpunkt zu gelangen. Es ist Einheit in der Vielfalt.

All jene Schamanen und Heiler sind Träger uralten Wissens. Sie waren bereit, es offen und bewußt mitzuteilen. Sie alle hatten eine gemeinsame Überzeugung und eine Achtung gegenüber den Elementen, der großen Familie von Erde, Feuer, Luft, Wasser und Äther. Sie gebrauchten und verstanden die Kräfte der Steine und ermutigten mich, diesen Weg weiter zu verfolgen.

Zu den Wurzeln zurückzukehren, diese alte Weisheit in eine Gegenwärtigkeit zu bringen, in eine Gegenwart, die heil und ganz ist, ist die Verantwortlichkeit dieses Zeitalters.

Ich bin älter als mein Leib,
und ich komme wieder —
in der Musik der Kristalle,
im Herzen des Rubins,
im Saatkorn der Perle,
in der Zunge des Lapis
und den Augen des Feueropals.

Kapitel 4

Der Bergkristall

DAS WESEN DES KRISTALLS

Der klare Bergkristall ist einer der geheiligtsten, wenn nicht überhaupt der am meisten verehrte Stein der antiken und heutigen Kulturen. Er verkörpert die eigentliche Essenz der Felsen, den höchsten Ausdruck des Mineralreiches. Man findet ihn in Bergen und Felsen. Manchmal ist er klarer, reiner und durchscheinender als Wasser. Hinter ihm liegende Gegenstände kann man so klar und deutlich sehen wie durch eine Glasscheibe. Der Bergkristall fängt das Licht ein und bricht es in wunderbaren Regenbogenfarben. Er ist ein Symbol der strahlenden Energie des weißen Lichtes.

Wenn du einen Bergkristall in deinem Besitz hast, dann hole ihn jetzt in deine Nähe, beobachte ihn, fühle ihn, und stelle eine Verbindung mit diesem Stein her, während du dieses folgende Kapitel liest.

KRAFT UND EIGENSCHAFTEN

Der Bergkristall ist ein Symbol des Menschen, ein Spiegel unserer Seele. Er stellt unseren Kampf um Klarheit dar. Der »Fuß« des Kristalls ist gewöhnlich dicht und opak, doch wenn er wächst — durch ungezählte Kämpfe und Widerstände —, wird er klarer und reiner. Auch wir streben nach Klarheit, nach Klarheit im Sinn und Sein.

Die Kraft des Kristalls liegt auch in seiner Struktur, in seinem Wachsen und Emporstreben dem Licht entgegen — in der Tiefe der Erde. Seine Spitze, der Punkt, in dem sich die sechs Seiten der ihn krönenden Pyramide treffen, repräsentiert die Kräfte der Dreiheit in der Verdoppelung. Je steiler die Pyramide, je spitzer das Ende des Bergkristalls, desto vollkommener ist seine Heilkraft, denn man kann den Kristall wie einen Laserstrahl einsetzen. Für diesen Zweck sollten sich drei Seiten berühren. Der Bergkristall wirkt wie ein Katalysator, ein Energieüberträger. Er ist Empfänger und Sender zugleich. Er ist ein schützender Verbündeter, der Harmonie in der Aura erhält und Ausgeglichenheit schafft. Kristalle stellen sich automatisch auf die Schwingungen des Menschen ein, weil sie dem menschlichen Geist wesensverwandt sind und geistige Verbindung schaffen, wenn man sie trägt oder in der Hand hält. Vergiß jedoch nicht, den Kristall sauber zu waschen und zu halten, wenn er dich vor negativen Schwingungen von außen schützen soll.

WEITERE VERWENDUNGSMÖGLICHKEITEN

Die Verwendungsmöglichkeiten für den Bergkristall sind im Bereich der Heilanwendungen sowie auf industriellem, technischem und wissenschaftlichem Gebiet nahezu unbegrenzt.

In Atlantis und Lemuria, den untergegangenen Kontinenten, wurden Bergkristalle als hochwertige Instrumente benutzt, weil ihre Reinheit und ihre hervorragende Licht- und Ultraschall-Leitfähigkeit schon damals ebenso geschätzt war wie in der heutigen Elektronik und Industrie.

In Ägypten bediente man sich in den Pyramiden der Bergkristalle, um die Kraft des Lichtes anzuziehen. Man wußte wohl um ihre Möglichkeiten aufgrund ihrer Form und Struktur, die sich in Dreiecken ausdrückt.

In Europa wurden sie im Kriege als Verstärker eingesetzt. Wenn Leitungen gerissen oder zerstört waren, wurden Kristalle daneben plaziert, um die Kommunikation aufrechtzuerhalten.

Bei den nordamerikanischen Indianern gilt der Bergkristall bis heute noch als der heiligste Stein, ein Symbol des Lichtes in der Erde. In manchen Stämmen wird die Nabelschnur des Neugeborenen mit einem Kristall zertrennt, was natürlich die Verbindung mit der Erde gleich nach der Geburt wiederherstellt. Weiterhin haben Indianer den Bergkristall in ihrem Hause, gebrauchen ihn bei Zeremonien und Ritualen und geben ihn ihren Toten mit auf den Weg.

In recht ähnlicher Weise wird der Bergkristall in der tibetischen Kultur verwendet und hochgeschätzt. Diese beiden Kulturkreise verstanden und bewahrten den Glauben an die Heiligkeit der Erde und ihrer Steine sowie die Bedeutung und Kraft der Elemente. Und so trägt sowohl der amerikanische Indianer als auch der tibetische Buddhist häufig einen Bergkristall am Körper, der ihm als Schutz dienen und auf den Pfad zur Erleuchtung helfen soll. Der Indianer trägt einen kleinen Beutel am Hals, der einen Bergkristall, vielleicht auch einen Türkis und/oder eine Koralle, fernerhin Kräuter enthält, und was er sonst noch für machtgeladen hält. Der Tibetaner trägt einen kleinen Beutel um Hüfte oder Schenkel. Er enthält einen Bergkristall, andere heilige Steine und ein kleines, zusammengerolltes Papier, auf das ein Gebet geschrieben ist oder ein Mantra.

Den Bergkristall selbst umgibt ein Kraftfeld von Licht und Energie, das den Träger vor Negativität schützt. Diesen Schutz gewähren Bergkristalle aller Größen, auch die kleinen, wenn man sie bei sich trägt. Die Wanderung der Ionen durch die Molekularstruktur des Kristalls macht diesen zu einer wertvollen Hilfe bei der Reinigung und Neutralisierung negativer Aspekte oder Zustände in der Aura bzw. Atmosphäre größerer Einheiten wie unseres Heimes oder Arbeitsplatzes.

Der Bergkristall kann unser ganz eigener, persönlicher Heiler für den Körper sein und unserem Geist Ruhe und Verwandlung bringen. Er hilft unserer Intuition, hilft uns, das Licht in der Finsternis zu erblicken und unser eigenes Licht zu sein. Auf den Körper gelegt, kann der Bergkristall »Knoten« und Blockaden auflösen, die den freien Fluß der Energien behindern.

SELBSTBEHANDLUNG

Ihr könnt euch zu zweit gegenseitig eine Kristall-Massage geben. Nehmt einen kleineren Stein, den ihr zuerst abwascht und mit einem sauberen Baumwolltuch trockenreibt. Wer zuerst behandelt wird, legt sich auf den Bauch. Beginne bei einer Fußsohle; die Haut sollte sanft mit der Kristallspitze und den Seitenflächen gedrückt und massiert werden. Mach das zuerst an einem Bein, dann an dem anderen, dann den Rücken hinauf (Vorsicht im Bereich der Wirbelsäule!), im Nacken, an Hinterkopf, Schultern, Armen, Händen. Dann soll sich der Partner auf den Rücken drehen, und du beginnst wieder an den Füßen und arbeitest nach oben weiter. Im Bereich des Sonnengeflechts empfiehlt sich eine Kreisbewegung mit dem Kristall (im Uhrzeigersinn), um dieses Gebiet zu entspannen. Sei beim Herzen besonders sanft und behutsam, denn hier tragen wir alle einen großen Schmerz. Abschließend kannst du noch eine Gesichts- und Kopf-Massage durchführen, bei der der Kristall die Stirn, die Wangenknochen und den Haaransatz massiert. Nach dieser Behandlung wird man sich erfrischt und neu belebt fühlen.

Eine weitere Möglichkeit besteht darin, sich selbst eine Aura-Ausgleichsbehandlung zu geben, bei der Kristalle auf jedes der Chakras gelegt werden. Wenn du nicht genug Steine hast, dann lege einen Kristall auf Solarplexus-, Herz- und Stirnchakra. Lege die Arme neben den Körper, die Hände sind in »empfangener Stellung«, nach oben geöffnet. Schließe die Augen, atme tief durch und entspanne dich. Laß alle Bilder aufsteigen, die kommen wollen; unterdrücke keine Empfindung. (Nicht länger als 15—20 Minuten)

MEDITATION

Der Bergkristall ist eine wunderbare Hilfe bei der Meditation. Er erleichtert es unserem Bewußtsein, sich auf die göttliche Quelle einzustimmen. Er hilft uns, einen »Quantensprung« zu vollbringen, der unsere Seele zum Licht hinzieht. Hier sollen einige Vorschläge zur Meditation gegeben werden:

1. Lege dich auf den Rücken und lege einen einzigen Bergkristall auf das Stirnchakra (zwischen die beiden Augenbrauen). Sei so empfänglich und offen wie möglich für das, was du nun erleben magst. Halte dich auch einer Reise ins Land der Phantasie, in eine Traumwelt offen. Tritt ein durch das

Tor; ein Kristall-Palast oder eine kristallene Höhle erwartet dich! Laß den Kristall nicht länger als 15 bis 20 Minuten auf dem Chakra liegen.

2. Bei einer Meditation in der Gruppe kann man den Bergkristall in die Mitte des Kreises legen. Hier dient er als Konzentrationspunkt, als Bezugspunkt, in dem Erde und Licht zusammentreffen.

3. Du kannst auch einen Altar der vier Elemente vorbereiten: Zünde eine Kerze an (Feuer), nimm eine Schale Wasser oder eine Vase mit Blumen (Wasser), zünde ein Räucherstäbchen an (Luft), und lege den Bergkristall vor dich hin (Erde). Sitze ganz still, betrachte den Stein und schließe dann sanft die Augen; das Bild des Steines behältst du vor deinem inneren Auge. Sage Dank und konzentriere dich auf Klarheit. Weil diese symbolisch ein Aspekt unserer selbst ist, hilft uns die Verbindung mit dem Bergkristall, uns mit unserem eigenen Selbst zu verbinden. Weiterhin kräftigt diese Übung unser drittes Auge, unser visionäres Sehvermögen.

Wenn sich der Meditierende und der Gegenstand der Meditation verbinden und einswerden, spricht man von Meditation. Vollkommene Konzentration ist Meditation. In diesem Zustand offenbart sich die Wahrheit. Alles Wissen wohnt dem einzelnen Menschen inne, doch es gelangt nicht ins Gehirn, weil äußere Dinge einen so großen Einfluß auf uns ausüben, daß sie das, was in uns ist, überdecken, so daß wir es nicht wahrnehmen können. Solange unser Denken nach außen orientiert ist, kann es sich nicht nach innen wenden. Mit einem äußerlichen Denken ist es nicht möglich, Wissen zu erlangen, deshalb werden bestimmte Praktiken notwendig. Äußere Gegenstände können als Hilfe eingesetzt werden, um diese Kraft zu wecken.

Beim Tratak, einer Kristall-Meditation des Yoga, kann man selbst Ereignisse der Vergangenheit und Zukunft schauen. Dazu bedarf es eines langen, schwierigen Prozesses, der viel Disziplin erfordert. Man übt dazu die völlige Konzentration, blickt den Kristall an und sieht schließlich nichts anderes mehr. Später dann wird man Gestalten wahrnehmen. Dann geht es darum, daß man kritisch und suchend betrachtet, was man sieht.

RITUELLE VERWENDUNGSWEISEN

Vor sehr langer Zeit gingen die Priester im Fernen Osten in die Berge des Himalaya, um einen Bergkristallbrocken zu suchen und zu finden. Zum gleichen Zweck begaben sich Priester in Südamerika hinauf in die Anden. Hatten sie Erfolg, so brachen sie vorsichtig die Ecken ihres Fundes ab und bearbeiteten ihn über Jahre hinweg, so daß seine Form immer kugeliger wurde. Eine Priestergeneration nach der anderen formte den Kristall zur immer vollkommeneren Kugel, schliff ihn und polierte ihn mit Wasser und immer feinerem Sand. Schließlich war aus dem Steinbrocken eine vollendete Kristallkugel geworden, die für rituelle Zwecke verwendet werden konnte, zum In-die-Zukunft-Sehen und zum Ergründen des Willens der Götter.

Der Knochenbeutel des afrikanischen Schamanen, der ausgeschüttet wird, um herauszufinden, wie mit bestimmten Problemen eines Menschen zu verfahren sein — wir legen hierfür die Karten oder befragen das I Ging —, enthält auch einen Bergkristall als Symbol für Licht und Wasser.

In verschiedenen Teilen Irlands setzt man kleine Bergkristall-kügelchen in silberne Ringe ein. Man erhofft damit günstige Reaktionen von den Leprachauns (irische Naturgeister) herbei-zuziehen.

Während des Vollmondes ist eine günstige Zeit für die Durchführung einer kleinen Kristall-Zeremonie. Es handelt sich hierbei um eine indianische Tradition, die ich gelernt habe und sehr gerne praktiziere. Beim Aufgang des Vollmondes geht man auf einen kleinen Hügel und nimmt den Kristall mit, der auf Blättern oder Kräutern — wie Zeder oder Salbei — in einer Schale oder auf einer Platte liegt. Verbrenne dann die Kräuter als Rauchopfer und weihe den Kristall unter Singen, Beten und Danksagen dem Mond. Dann nimm den Kristall und richte ihn und seine Strahlen auf deinen eigenen Körper und auf deine Begleiter. Der Bergkristall ist nun voll geladen mit dem Licht und der Kraft des Mondes.

KRISTALLPENDEL

Den Pendel aus Bergkristall verwende ich sowohl als Hilfe bei
einer Entscheidung als auch, um den Zustand der Energien im
Körper eines Patienten zu überprüfen, wenn ich eine Behandlung gebe. Ich weiß, daß es mein höheres Selbst, meine höhere
Führung ist, die durch den Pendel wirkt. Wir sollten alle daran
denken, daß wir in dem Maße, wie wir uns öffnen und empfänglich werden, Hilfe und Weisung erfahren können.

Laß das große Licht in den Kristallen
einkehren in dein Herz
und deine Seele erleuchten!

Wir sollen dieses machtvolle Geschenk weise und selbstlos
gebrauchen. Wir wollen unsere Augen offenhalten und sehen,
wie alle großartigen Kulturen der Vergangenheit untergingen,
sobald sie begannen, jene Kraft zu mißbrauchen. Lemuria, Atlantis, Ägypten, Griechenland und Rom — sie alle mißbrauch-
ten die Macht, die ihnen geschenkt worden war, sie fielen in
Unwissenheit, und Zerstörung war die Folge. Wir wollen die
Steine als Gefäße der Energie gebrauchen, um unser intuitives
Denken zu beflügeln und unseren schöpferischen Möglichkeiten zu erlauben, reiner und stärker zu werden. Die Steine werden es uns bei jedem Entwicklungsschritt entsprechend positiv
lohnen.

ANDERE KRISTALLE

Es gibt noch andere Quarze wie den Rauchquarz, den Rutil-
quarz oder den Turmalinquarz. Weitere Mitglieder der Quarz-
Familie sind Rosenquarz, Amethyst und Zitrin; sie werden im
Kapitel 6 ausführlicher besprochen.

Wenn ein Bergkristall Einschlüsse von Wasser oder Luft enthält, nennt man ihn wegen der dann sichtbaren Farben Regen-
bogenquarz. Wenn ein anderer Kristall in seinem Inneren
wächst, spricht man von einem Phantomquarz.

DER RAUCH-QUARZ

Der Rauch-Quarz ist ein klarer Kristall von hell- bis dunkelbrauner, rauchfarbener Tönung. Er ist sehr stark, und seine Dunkelheit ist nicht negativ, sondern Sinnbild des Geheimnisvollen. Der zuweilen auch Rauchtopas genannte Kristall kann zur Hebung des Bewußtseins von einer niederen auf eine höhere Stufe helfen. Als Stein von ernstem, erdhaftem Charakter unterstützt er abstraktes Denken. Das Spektrum, in dem der Rauch-Quarz heilend einwirken kann, ist nahezu unbeschränkt, denn dieser strahlt eine Ultraschall-Frequenz aus, die außerordentlich heilkräftig werden kann, da sie — wie ein Laserstrahl — viel von der menschlichen Dichte durchdringen kann. Ich besitze einen Rauch-Quarz, den ich viel bei Heilbehandlungen einsetze. Ich brauche ihn nur auf den Patienten auszurichten, nicht einmal dessen Haut damit berühren, und die elektrische Ladung ist sofort wahrnehmbar. Der Rauch-Quarz vermittelt saturnische Qualitäten (Stabilität und Verantwortungsgefühl), doch er entspannt und beruhigt auch. In Atlantis wurde er zur Energiekonzentration bei Tranceübungen verwendet.

DER RUTIL-QUARZ

Hierbei handelt es sich um einen klaren Bergkristall mit Einschlüssen von nadelförmigen Rutil-Kristallen von goldener bis rötlicher Farbe. Diese steigern die Intensität und Kraftübertragung durch den Kristall noch weiter, denn sie bergen Gegenströme elektrischer Ladungen, die die Heilungskraft verstärken. Die Farbe des Kristalls beeinträchtigt seine magnetische Kraft nicht im geringsten, die Rutil-Einlagerungen sind also höchst wertvoll. In einigen Fällen bilden sie schöne, symmetrische Muster, die wiederum magnetische Kraftfelder erzeugen. Der Schlüssel zu der starken Heilenergie dieses Edelsteines liegt in der Projektion der elektrischen Strömungen, die Störungen im menschlichen Körper beheben kann, indem sie das Wachstum gesunder Zellen und Gewebe in kranken Organen fördert.

Wegen seiner goldenen Farbe kann man den Rutil-Quarz auch über dem Solarplexus benutzen, um Angst und Unruhe zu lindern und Ausgeglichenheit und Kraft zu spenden. Ich verwende diesen Stein auch gerne über dem Herzen, wenn sich dieses besonders traurig oder schwach fühlt. Der Rutil-Quarz ist eine sehr große, ausgleichende Hilfe bei Heilungen.

DER TURMALIN-QUARZ

In diesem klaren Quarz, der nadelförmige Kristalle schwarzer Färbung enthält, finden wir zwei Kraftquellen vereinigt: Die vereinten Kräfte des klaren Kristalls und des schwarzen Turmalins wirken nach dem universalen Gesetz der Polarität. Der Turmalin hilft bei der Lösung von alten (Gedanken-)Mustern, die unserem geistigen Wachstum im Wege stehen. Er »glättet« die menschliche Aura und bringt sie in einen Zustand des Gleichgewichts. Der Turmalin hat starke elektrische Eigenschaften und ist sehr empfindlich.

Weitere Informationen über den Turmalin findest du im Kapitel 6, in dem die einzelnen Edelsteine ausführlicher besprochen werden.

DER DIAMANT

Der Diamant verkörpert im Mineralreich den höchsten Ausdruck des weißen, des universalen Lichtes. Er ist der König der Edelsteine, der kostbarste und mächtigste. Er verkörpert den höchsten Inbegriff von Klarheit, Reinheit und Erleuchtung und repräsentiert den Brennpunkt kosmischer Energie, die vom Willens-Aspekt der Gottheit ausstrahlt. Er hilft, in Herz und Wollen Harmonie mit dem göttlichen Denken zu bringen und schafft die Drei-Einigkeit des vollkommenen Menschen.

Alle sieben Strahlen vereinen sich zu der kosmischen Einheit des Einen, und somit enthält der Diamant alle Attribute und Eigenschaften des Vollkommenen im Mineralreich. Er ist der Edelstein mit der stärksten Kraft und seine Wirkungsbereiche sind universal.

Der Diamant besteht aus reinstem Kohlenstoff, der durch sorgfältigstes Schleifen schließlich seine unübertroffene Brillanz, sein unvergleichliches Feuer erhält. Daraus können auch wir etwas lernen.

Mit mehr als jedem anderen Stein werden mit dem Diamanten eine Vielzahl von Geschichten und Legenden in Verbindung gebracht. Es ist an der Zeit, daß sich der Mensch ansieht, was ihm seine Gier eingebracht hat. Der Mensch hat geraubt und getötet für den Brillanten, und seine negativen Gedanken haben soviel Mißbrauch und Zerstörung nach sich gezogen. Es ist ein karmisches Gesetz, das uns nun auffordert, uns wieder mit dem Diamanten zu beschäftigen — doch nicht voller Habsucht und Gier, sondern in Ehrfurcht und Bewunderung vor der Schönheit und den Qualitäten des Lichtes, die in ihm wohnen.

Der Diamant besitzt starke Heilkräfte. Er heilt die meisten Erkrankungen und ist ein sehr guter Schutz gegen negative Schwingungen und Gedanken.

Der Diamant ist äußerst hart und scharf; so beseitigt er alle Voreingenommenheiten und eigenmächtigen Vorstellungen, um uns an das andere Ufer, das der Erleuchtung zu führen.

Buddha sprach davon, daß ein Zustand der Erleuchtung zu erreichen sei. Er bezog sich darauf mit den Begriffen diamantenes oder erleuchtetes Denken. Der Diamant ist rein und transparent reflektierend nach allen Seiten; sie sind wie offene Fenster, die in alle Richtungen leuchten.

Es gibt einen Zustand des Bewußtseins in seiner ungeteilten Reinheit, in dem es nicht mehr gespalten ist in die Dualität von Subjekt und Objekt. Es ist unbegrenzt und hat die Trennung von Ich und Nicht-Ich überwunden. Die Reinheit dieses Zustandes soll nach allen Richtungen ausstrahlen und alles mit Licht durchdringen. So ist das Bewußtsein, wenn es erleuchtet ist. Wer das erlangt hat, hat den Stein der Weisen wirklich gefunden, das kostbare Juwel.

Es lebte einmal ein König in Indien, der sehr stolz war auf seinen Reichtum. Ein Yogi warnte ihn, er sollte sich von seinem gegenwärtigen Besitz nicht blenden lassen. Der König erwiderte: »Rate mir so, daß ich deinem Rat folgen kann, wie es meinem Wesen und Vermögen entspricht, ohne daß ich mein äußeres Leben ändern muß — und ich will dir folgen!« Der Yogi wußte, wie sehr der König Edelsteine liebte.

Bei dieser Neigung gedachte er anzusetzen, um nach der Überlieferung des Tantra eine Schwäche in eine Quelle der Stärke zu verwandeln. »Betrachte die Brillanten in deinem Armreif, wende ihnen deine ganze Aufmerksamkeit zu und meditiere folgendermaßen: Sie funkeln in allen Farben des Regenbogens, doch haben diese Farben, die mein Herz erfreuen, kein eigenes Wesen an sich. In gleicher Weise wird unsere Phantasie von allerlei Erscheinungsformen beflügelt, die ebenfalls kein eigenes Juwel, von dem alle Dinge ihre augenblickliche Realität nur borgen.« — Und der König konzentrierte sich auf den Armreif an seiner Linken und meditierte, wie ihn der Yogi gelehrt hatte, bis sein eigener Sinn die Reinheit und Strahlkraft eines makellosen Juwels erlangte. Er war der Diamant geworden.

Wer den Stein der Weisen gefunden hat, das strahlende Juwel erleuchteten Denkens im eigenen Herzen, verwandelt sein sterbliches Bewußtsein in das der Unsterblichkeit und empfängt das Unendliche im Endlichen. Dies entspricht der Lehre des Diamant-Fahrzeugs (Wadjrajana) des tibetischen Buddhismus.

Wir alle sind Diamanten, doch noch fehlt uns der Schliff und der Glanz. Viele Prozesse haben wir noch zu durchlaufen, bevor wir zur Schönheit und Vollkommenheit gelangen. Wir wollen diese Vorgänge nicht ablehnen, sondern für jeden einzelnen dankbar sein, denn sie werden uns helfen, das Ziel zu erreichen, den Vollendungszustand der Erleuchtung.

Kapitel 5

Die Verwendung kostbarer Steine

Gemeinsam wandern wir, der Weg ist lang.
Auf ihm liegen Gebeine und kostbare Edelsteine.

EIGENSCHAFTEN

Seit alter Zeit schreibt man den Edelsteinen und Halbedelsteinen psychische Kräfte zu. Diese üben einen großen Einfluß auf alle Aspekte unseres Lebens aus.

Steine sind lebendige Wesen, die pulsieren, strahlen und in verschiedenen Frequenzen schwingen. Sie erzeugen starke Energiefelder, die es uns erlauben, uns mit diesen Energien aufladen zu lassen, die unsere Fähigkeiten unterstützen, uns beruhigen und trösten, heilen und ausgleichen durch die Reinheit und Direktheit ihrer Strahlen. Durch ihre Facetten sind die Steine Ausdruck der unendlichen Vielfalt unserer Aspekte.

Jede Farbe hat eine eigene Schwingung. Wenn wir die einzigartigen Eigenschaften jedes der sieben Strahlen verstehen, werden wir diese selben Eigenschaften im Bereich der Steine anwenden können. Daher ist die Beschäftigung mit den Farben die Vorbereitung auf die Verwendung der Steine zur Heilung und geistigen Verwandlung. Der Edelstein sendet die magnetische Kraft des in ihm enthaltenen Lichtstrahls aus. Der Aura wird damit Hilfe gebracht und der ganze Mensch fühlt sich harmonischer.

Wir wollen kurz rekapitulieren: Rot und Orange wirken anregend und kräftigend auf den physischen Körper. Gelbtöne beleben und beschleunigen mentale Vorgänge. Grüne Farben beruhigen und dämpfen das Nervensystem. Blau und Indigo wirken inspirierend, regen das Spirituelle an. Purpur-Töne beschleunigen und verfeinern alle Vorgänge in Körper, Seele und Geist.

SCHMUCK

Die verschiedensten Schönheitsartikel, Cremes und Kosmetika wurden aus zermahlenen Steinen hergestellt, um damit Augen, Mund und Gesicht zu schmücken. Der Lieblingsstein des alten Ägypten, der Malachit, wurde zum Schmuck der Augen und Haare von den Hohepriesterinnen verwendet; der Rubin zum Röten von Wangen und Lippen. Das Blau des Lapislazuli fand schon vor langer Zeit als Lidschatten seine Verwendung.

Seit Anbeginn der menschlichen Kulturgeschichte auf diesem Planeten gebrauchte man Steine zur Betonung und zum Schmuck des Körpers, der Kleidung und des Lebensraumes. In vielen Kulturkreisen wußten die Steinschneider auch um die geheimen und mystischen Eigenschaften der Edelsteine. Viele von ihnen waren Apotheker, Alchemisten oder Hohepriester, die diese Kräfte einsetzten, um Schmuck zu schaffen, der schützte, Symbole barg, anziehend oder abstoßend wirkte oder heilte. Als diese weisen Alten jedoch mehr und mehr von materialistischen oder profitorientierten Leuten abgelöst wurden, ging dieses Wissen zum großen Teil verloren oder wurde mißachtet. Die Steine behielten ihre Schönheit natürlich, doch sie sprachen nicht mehr zu dem Menschen, weil dieser ihnen nicht mehr sein aufmerksames Ohr lieh. So lagen sie wie im Schlafe und warteten darauf, wieder geweckt zu werden für ihre wahre Bestimmung und Mission.

Die Hohepriester und Hohepriesterinnen Ägyptens, die im allgemeinen auch Heiler waren, trugen viele Edelsteine an Körper, Haut und Händen, um sich selbst mit Kraft zu laden und diese dann an ihre Patienten weiterzugeben.

Aus Ägypten ist uns dieses alte Gedicht überliefert:

Mein Gott Thot ist aus kostbaren Steinen,
er erhellt die Erde mit seinem Funkeln,
die Mondscheibe auf seinem Haupt ist aus rotem Jaspis,
und sein Phallus ist aus Quarz.

Thot, ich fürchte nichts,
da du meine Stärke geworden bist.

Kostbare Edelsteine und Juwelen von außerordentlicher Schönheit wurden in die Kronen von Königen, Königinnen und kirchlichen Oberhäuptern eingesetzt, um sie energetisch aufzuladen. Diese gekrönten Häupter hielt das Volk für Symbole der Gottheit auf Erden.

Der tibetische Buddhist hält folgende fünf Steine bzw. Metalle für heilig: Bergkristall, Symbol des Lichtes; Türkis, die Unendlichkeit des Meeres und des Himmels; Koralle, das Leben und die Form; Gold, der goldene Strahl der Sonne und Silber, das Licht des Mondes. Bernstein und Karneol fanden häufig Verwendung in ihrem Schmuck und Zauber.

Auch die amerikanischen Indianer achten diese beiden Steine sehr hoch. Der Türkis wird als Schutz getragen, man glaubt in ihm sei die irdische Atmosphäre enthalten; die Koralle wird in Verbindung mit der Lebens- und Blutkraft gesehen.

Ich finde es erstaunlich, daß diese beiden Kulturen — die tibetische und die indianische —, die geographisch so weit voneinander entfernt sind (tatsächlich befinden sie sich an zwei gegenüberliegenden Stellen auf dem Erdball), soviel gemeinsam haben. Beide achten und lieben sie die Erde. Sie haben gemeinsam den Zauber und die Kraft erkannt, die darin enthalten ist, daß alles mit Leben erfüllt ist, eine Seele hat und schwingt. Sie glauben und sind fest überzeugt davon, daß die Elemente in der Natur unsere Ahnen sind, unsere Verwandten, und daß man sich um Rat an sie wenden sollte.

Die Aufzeichnung früher christlicher Schreiber künden uns von dem Glauben, daß die Edelsteine in der Brustplatte des Hohepriesters so stark magnetisch geladen waren von ihren jeweiligen Planeten, daß sie Fragen durch farbige Lichtblitze beantworten konnten.

Zur Zeit der Herrschaft Karls des Großen gab es eine große Mystikerbewegung, in der das Strahlen der Edelsteine als ein Symbol des Geistes in der Materie erkannt wurde. Die Krone Karls des Großen war bedeckt mit kostbaren Steinen, deren Energie sein Scheitelchakra empfing. Durch dieses »Tor zum Himmel« wurde sein ganzer Körper mit der Kraft der Steine geladen. Als König und Kaiser wurde er für einen Repräsentanten Gottes auf Erden gehalten.

EDELSTEINE UND WOCHENTAGE

Die hermetische Bruderschaft beachtete sehr genau die Regeln im Umgang mit Edelsteinen, die bestimmten, welche Steine zu welchen Wochentagen und den damit zusammenhängenden planetaren Einflüssen gehörten. Man wußte um diese Kräfte.

Sonntag, Tag der Sonne	gelbe und goldgelbe Steine (Bernstein, Goldtopas)
Montag, Tag des Mondes	weiße Steine (Mondstein, Perlen)
Dienstag, Tag des Mars	rote Steine (Rubin, Granat)
Mittwoch, Tag des Merkur	blaue Steine (Türkis, Saphir, Lapislazuli)
Donnerstag, Tag des Jupiter	purpurne und violette Steine (Amethyst)
Freitag, Tag der Venus	grüne Steine (Smaragd, Malachit)
Samstag, Tag des Saturn	Diamant und alle schwarzen Steine

EDELSTEINE, TIERKREISZEICHEN, FARBEN

Alle Mineralien und Edelsteine sind auf bestimmte Konstellationen eingestimmt und zeigen ihre Zugehörigkeit durch ihre Farbe. Jeder, der Edelsteine besitzt oder trägt, zieht die zugehörigen Planeten-Kräfte an. Daher ist es sehr wichtig, Steine zu tragen, die mit den eigenen Planeten-Konstellationen harmonieren.

Die dem Geburtszeichen zugeordneten Steine stärken ganz offensichtlich einen astrologischen Hauptfaktor, die Sonne. Doch als ebenso positiv wie die Unterstützung der Sonne kann es sich erweisen, einen Stein zu tragen, der die Stelle stärkt, die im Horoskop als schwacher oder kritischer Punkt betrachtet werden muß.

Sternzeichen	Edelsteine	Farbe
Widder	Rubin, Blutstein, roter Jaspis	rot
Stier	Goldtopas, Koralle, Smaragd	gelb
Zwillinge	Bergkristall, Aquamarin	violett
Krebs	Smaragd, Mondstein	grün
Löwe	Rubin, Bernstein	orange
Jungfrau	rosa Jaspis, Türkis, Zirkon	violett
Waage	Opal, Diamant	gelb
Skorpion	Granat, Topas, Achat	rot
Schütze	Amethyst	purpur
Steinbock	schwarzer u. weißer Onyx, Beryll, Gagat	blau
Wassermann	blauer Saphir	indigo
Fische	Diamant, Jade, Aquamarin	indigo

DAS TRAGEN VON EDELSTEINEN

Je kostbarer die Steine sind, die ein Mensch trägt, desto stärker wird er mit kosmischen Kräften aufgeladen, die auch in seine Umgebung ausstrahlen.

Manchmal ziehen die Steine eine Krankheit, einen Schmerz, oder ein Unglück aus dem Bereich des Ätherleibes ihres Trägers hinaus. Rubin und Koralle verblassen, wenn Menschen an Anämie erkrankt sind. Andere Steine — wie der Türkis — verlieren oder ändern ihre Farbe, wenn es ihrem Träger physisch oder psychisch nicht gut geht. Zuweilen geben auch andere Steine dem Träger von ihrer Kraft, zum Beispiel Topas, Smaragd und Diamant. Manche Steine haben Schwingungsfrequenzen, die dem geistigen Erwachen förderlich sind, oder die uns helfen, empfänglicher für ihre Strahlung zu werden, wie beispielsweise der Amethyst oder der indigoblaue Saphir.

Trage deine Steine, schließe sie nicht in einem Safe oder Schmuckkästchen ein! Enthalte deiner Seele und deinem Körper nicht diese gewaltige Kraft vor, die uns zur Verfügung gestellt ist.

Achte darauf, daß du Ringe trägst, deren Steine so eingesetzt sind, daß sie die Haut berühren; so wirken sie viel stärker. Und sei offen und empfänglich. Laß die Steine dich wählen, und laß deine höchste Führung dich lenken zu dem, was du im Augenblick gerade brauchst.

Häufig fragen mich Menschen nach dem Wert oder dem Unterschied von geschliffenen und rohen, ungeschliffenen Steinen. Etliche wirken in beiden Fällen günstig, geschliffen und ungeschliffen. Bei manchen ist es nötig, sie zu schleifen und zu polieren, um ihre Schwingung optimal zum Tragen zu bringen. Der Granat ist wirklich ein guter Helfer, wenn er einmal geschliffen ist, poliert und vielleicht auch facetiert. Im Gegensatz dazu ist der Amethyst am besten in seiner ursprünglichen Kristallform.

Es gibt keine Regeln; man muß bei dem Stein sein, ihn erleben und kennenlernen, um das zu verstehen. Das Schleifen eines Steines ist eine Kunst. Der Kunsthandwerker muß viel Übung haben und selbst Künstler sein, um das größte Feuer, die größte Schönheit aus dem Stein herauszuholen. Der fertig geschliffene Brillant ist Beweis für die Geschicklichkeit des Edelsteinschleifers.

Wenn du einen Stein kaufen willst, dann versuche, dir nicht allzuviel Sorgen um die Kosten zu machen. Es ist besser für dich, daß du dein Geld für die Verhütung von Krankheit und die Herstellung von Harmonie und Ausgeglichenheit in deinem Wesen ausgibst, als wenn du davon Medikamente und Arztrechnungen bezahlen mußt, da du tatsächlich erkrankt bist.

Von großem Vorteil können dir auch sogenannte Schmucksteine oder Halbedelsteine sein, die nicht so kostspielig wie wirklich seltene Edelsteine sind. Doch wir müssen anerkennen, daß teure Steine wie Rubine, Smaragde oder Saphire ihre eigenen magischen Qualitäten besitzen.

Folgende Steine, die in Mineraliengeschäften in den meisten größeren Städten zu erwerben sind, können eine preiswerte Alternative der teuren Edelsteine sein, deren Eigenschaften und Vorzüge sie besitzen:

Bergkristall statt Diamant, Granat statt Rubin, Lapislazuli oder Sodalith statt blauem Saphir, Türkis oder Chrysokoll statt Aquamarin, Zitrin statt Topas, Karneol statt Feueropal, Rhodochrosit statt Rubellit, Malachit oder Chrysopras statt Smaragd, Azurit statt indigoblauem Saphir.

DER MYSTISCHE ASPEKT

Die Alten glaubten, daß jeder Edelstein sich um ein lebendiges Wesen kristallisierte. Dieses Lebewesen war in der Lage, den Träger des Steines in bezug auf bevorstehende Ereignisse zu beeinflussen und ihm damit zu helfen, einer Gefahr auszuweichen oder eine günstige Gelegenheit zu ergreifen. Die, die Gebrauch machten von diesen verborgenen Kräften der Steine, stellten Talismane von großer Macht her. Sie konnten Kräfte übertragen, die zur Wiederherstellung von Gesundheit und Wohlsein ebenso beitragen konnten, wie auch Kräfte, die durch ihre negative Zielsetzung Zerstörung brachten. Kräfte können in gleicher Weise für das höchste Gut wie auch für böse, selbstsüchtige Zwecke eingesetzt werden. Es ist das Bewußtsein in unserer Seele, was der Wandlung bedarf.

Steine können auch eine bestimmte Symbolform haben, die entweder aus der Natur abgeleitet und ihr entnommen ist und die Kraft des Steines erhöht. So wurde im antiken Ägypten häufig der Skarabäus als Symbol der Ewigkeit in Türkis oder Lapislazuli geschnitten, um die Kraft der Unendlichkeit zu verstärken. Der Skarabäus-Käfer bewegt als Symbol der ewigen Sonne eine Kugel; Lapislazuli und Türkis sind blaue Steine und repräsentieren damit die Unendlichkeit des Himmels und des Geistes.

In der islamischen Kultur sieht man häufig Buchstaben oder Zeichen für einen Namen Gottes oder Allahs in Karneol oder auch in Lapislazuli geschnitten. Wie jede Form — Dreieck, Quadrat oder Buchstabe — in der materiellen Welt eine bestimmte Bedeutung hat, so hat sie auch im Ätherischen ihren bestimmten Sinn und ihre Wirkung. Überall sind kosmische Kräfte; sie brauchen nur ausgerichtet, verwandelt und genutzt zu werden in einem Magneten oder Empfänger (-Stein), um dem Menschen auf seinem geistigen Wege zu helfen.

Je weiter wir uns für die Steine und den Kosmos öffnen, desto mehr werden wir empfangen. Ihre Schwingungen haben die Möglichkeit, unseren Geist zu heilen, mit Energie zu laden, einzustimmen und im Innersten zu erbauen. Weil die edlen Steine so mächtige Energiefelder erzeugen, wurden sie gebraucht, um Kulturgegenstände, Altäre, Tempel und Heiligtümer, Kultstätten und religiöse Zeremonien mit ihrer Energie zu beleben.

Im Kapitel über den Bergkristall sprach ich von einer Vollmond-Zeremonie, doch du brauchst dich darauf nicht zu beschränken. Du kannst auch zur Sonnwende und zur Tagundnachtgleiche ein kleines Ritual durchführen; während dieser Wendezeiten im Jahreslauf ist die Atmosphäre sehr energiegeladen. Zeremonien und Rituale sind Gelegenheiten, sich wieder mit der Kraft der Elemente zu verbinden. Sie bilden unsere Verbindung zu den Alten, zum Kosmos. Solche Zeiten und Anlässe sind dem Höheren in uns geweiht, dem Mystischen, dem Spirituellen. Wir können hinaustreten aus dieser Gegenwarts-Wirklichkeit und uns bewußt in eine magische Umwelt stellen, in dem wir alle Vorstellungen des Selbst und der Welt hinter uns lassen.

Von großem Vorteil ist, wenn du dir zu Hause einen stillen Platz schaffen kannst, wohin du dich regelmäßig zurückziehst, um dich in deine eigene Mitte zu begeben und dich von der äußeren Welt zu erholen. Du kannst dort einen kleinen Altar bauen, wo die vier Elemente — wie schon früher erwähnt — vertreten sind, und vielleicht auch ein Mandala aus Edelsteinen.

EDELSTEINMANDALA

Lege in die Mitte des Edelstein-Mandalas einen Bergkristall oder Diamanten, der von je einem Stein der sieben Strahlen umgeben sein soll (siehe Abbildung Seite 20):

	Grün	
Gelb		Blau
	Diamant oder Bergkristall	
Orange	(Weißes Licht)	Indigo
Rot		Violett

Rot	Granat, Rubin, roter Jaspis
Orange	Karneol, Feueropal, oranger Jaspis
Gelb	Zitrin, Topas, Bernstein
Grün	Malachit, Jade, Smaragd
Blau	Lapislazuli, Sodalith, Saphir, Türkis, Aquamarin
Indigo	Azurit, indigo Saphir
Violett	Amethyst, Fluorit

Stelle dir vor, daß du im Zentrum des göttlichen weißen Lichtes sitzt, umgeben von den sieben kosmischen Strahlen, die dich durch die Edelsteine erreichen und mit ihrem heilenden Licht aufladen.

Schönheit ist eine Möglichkeit, seine Emotionen über die Ebene des Selbst anzuheben. Das Licht der Natur in den kostbaren Steinen zu sehen, ist ein Weg, die Gefühle zu heilen, die unharmonisch gewesen sind. Schwingung und Strahlung der Steine wirken sehr tiefgreifend im Sinne einer Harmonisierung der Bereiche, in denen der Energiefluß blockiert wird. Der eigentliche Wert der Steine besteht darin, daß sie Hilfe bei der geistigen Wiedergeburt sein können. Sie heilen und erheben die Seele. Betrachte ihre Schönheit und Harmonie ohne Habsucht und erkenne, daß alles in diesem Leben geliehen und verliehen ist und einst zurückgeht zur Quelle.

Je mehr wir unser Ego verlieren, desto größer wird die Klarheit und Ausstrahlung unseres Wesens und die Überzeugungskraft unseres Lebens, das beispielhaft wird. So können wir anderen helfen — viel mehr als durch irgendwelche Wohltätigkeit. Das Potential des Lichtes — Erleuchtung — wohnt in jedem lebenden Wesen.

HEILENDE STEINE

Die Schwingungsfrequenzen der Edelsteine werden vom Ätherleib durch die Chakras angezogen — die auch Lichtzentren oder Juwelen genannt werden —, um unter ihnen Harmonisierung und Aufladung mit neuer Energie herbeizuführen. Durch die Kraft und Intensität des Lichtes wird die Heilung erreicht. Je klarer, reiner und brillanter das Licht ist, desto heilsamer ist seine umwandelnde Kraft. Das letzte Kapitel dieses Buches gilt der Vermittlung eines umfassenderen Verständnisses im Zusammenhang mit der Anwendung von Edelsteinen zu Heilzwecken.

Es gibt viele Steine, die man nicht »heilende Steine« nennt, die aber jene wunderbare Eigenschaft besitzen, uns an die Erde zu erinnern, und Schönheit zu schenken und ihre Schwingungen auszusenden. Fülle dein Heim mit den Schwingungen der Steine. Umgib dich mit ihrer Gesellschaft. Auch deine Pflanzen lieben sie, du kannst den Topfpflanzen Edelsteine geben. Sie freuen sich darüber und erkennen sich an ihrer Schwingung.

> *Laß die Schönheit der Steine*
> *zu dir sprechen —*
> *das funkelnde Licht*
> *im Edelstein von Herz und Sinn.*

Im Orient geht die Sage von einem Wunschstein. Wie Aladins Wunderlampe gewährt er die Erfüllung jedes Wunsches, den sein Besitzer äußert.

> *Blicke tief in das Juwel deines Herzens:*
> *Welch Wunsch liegt da verborgen?*
> *Lausche auf die Stimme im Innern,*
> *sie wird das Geheimnis nennen.*

Kapitel 6

Die Eigenschaften der einzelnen Steine

»Schönheit ist Wahrheit, Wahrheit ist Schönheit —
das ist alles, was ihr auf Erden wisset,
und alles, was ihr wissen müßt.«

JOHN KEATS

ROTE STEINE

Rubin

Rubin, du Funkelnder,
das Feuer in deinem Herzen
erhöht die Liebe zum Eignen
zur Liebe für alle, Liebe zum All.

Das reine Rubinrot belebt das Herz mit seinem Funkeln. Die Liebe genannte Emotion muß erhoben werden zur Selbstlosigkeit, dem Licht der universalen Liebe entgegen, dem Mitgefühl für alles Leben und alle Lebewesen. Das Licht im Herzen durchstrahlt das ganze Wesen wie bei Erleuchteten. Der Rubin ist Symbol des Herzens der geistigen Liebe und Hingabe durch die Kräfte der Läuterung und Verwandlung. Er steht in Verbindung mit Shiva, einem Aspekt der Göttlichkeit, des Feuers und der Läuterung. Das Rot des irdischen Feuers wird verwandelt in das Goldgelb rein geistigen Wesens. Dessen Feuer inspiriert die Liebe zur Wahrheit und Weisheit, die verwandelt wird in das Herz der göttlichen Weisheit.

Der Rubin verstrahlt positive Qualitäten der Lebenskraft. Er aktiviert und belebt den ganzen Leib über die Zirkulation des Blutkreislaufs. Er hat eine wärmende, anregende Ausstrahlung.

Manche Rubine besitzen goldfarbene Einschlüsse, die ihnen einen seidigen Schimmer und erhöhte Kraft verleihen.

Wir wollen diesen Edelstein achten und schätzen wegen seiner leben- und liebespendenden Energie, wegen des Mitgefühls, das auf unserem ganzen Planeten Erde so not-wendend ist.

Koralle

Sproß des Feuers,
der im Wasser wächst,
sich reckt und emporstreckt:
ein Juwel aus dem Meere,
Geschenk unserer Weltmutter.

Die Koralle ist ein Geschenk unserer Mutter Meer, die uns an unsere Verwurzelung in der Ewigkeit erinnert. Die Koralle besteht aus den Skeletten kleiner Meereslebewesen, die zu pflanzenähnlichen Gebilden und schließlich zu Riffen aus kleinen, steinharten Verästelungen emporwuchsen. Damit erinnert uns die Koralle an unsere eigenen Knochen; sie ist hart und beständig. In manchen Schamanen-Traditionen hielt man die Gebeine eines Menschen für dessen eigentliches Wesen, das unvergänglich ist.

Die Koralle lehrt uns Form, aber auch das Fließen und die Beweglichkeit in der Form. Sie lebt und atmet im Meere, doch ihre Wurzeln sind fest in der Erde verankert.

Die Koralle ist einer der fünf heiligen Steine der tibetanischen und der indianischen Kulturen. Sie ist Symbol der Lebenskraft-Energie und wurde als Schutz gegen den bösen Blick verwendet. Sie hat absorbierende Aspekte und verblaßt, wenn ihr Träger blutarm wird oder ihm Blutenergie fehlt. Die dunkleren Rottöne wirken erwärmend, belebend und anregend auf den Blutkreislauf und den ganzen Körper. Rosatöne haben einen unmittelbaren Einfluß auf das Herz, indem sie die Harmonie wiederherstellen, wo emotionelle Konflikte oder Probleme im Bereich des Unterbewußtseins latent sind.

Die Koralle gewährt Hilfe bei der Meditation und Visualisierung, da sie uns Kraft gibt, Gedankenbilder und -formen aufrechtzuerhalten. Koralle sollte man tragen in Fällen von Mangelernährung, Depression oder Lethargie.

Granat

Granatapfel-Rot,
tief leuchtendes Feuer,
Farbe der Leidenschaft und Begierde,
verwandelt in Reinheit des Herzens,
da die Schlangenkraft sich erhebt.

Roter Jaspis

Feuer-Opal

Goldener Topas

Karneol

69

Anordnung goldener Steine

Bernstein

Rhodonit

Smaragd

Malachit

Jade

Grüner Turmalin

grün-klarer Turmalin

71

Dioptas

Türkise

Mondsteine

Rutil

Das tiefdunkle Granatrot wird in Verbindung gebracht mit dem Kundalini-Feuer oder dem Urfeuer der Verwandlung; es ist das integrierende Feuer, das der Kundalini auf ihrem Weg die Wirbelsäule hinauf hilft. Der Granat ist ein Stein der Leidenschaft, die manchmal der Umwandlung in die Macht der Reinheit bedarf. Mit Reinheit des Herzens nämlich können wir Gott schauen. Im Tempel des menschlichen Körpers liegt das Feuer der Lebenskraft verknäuelt, aufgespult wie eine Schlange; man spricht auch vom »heiligen Stein«. Sie wird erweckt und nach oben, zum Kopf hin gehoben durch den Vorgang der geistigen Verwandlung. Der Sakralplexus ist rot, doch wenn sich das Feuer zur Körpermitte erhebt, arbeitet er unter dem blauen Strahl; nähert sich die Schlangenkraft schließlich den geistigen Zentren, wird es der purpurviolette Strahl.

Der rote Granat bringt Energie und — wenn nötig — die Kreislaufaktivität zum normalen Maß. Weiterhin wirken die Granate auf das System der Fortpflanzungsorgane und stimulieren den Geschlechtstrieb. Die rosavioletten Steine nehmen Einfluß auf Regeneration und Verwandlung. Alle Granate spenden Energie und Mut. Vorsicht jedoch bei leidenschaftlicher Liebe, die unter dem Einfluß der Eifersucht in Haß umschlagen kann! Granate unterstützen die Vorstellungskraft und helfen bei Depression und störenden Gedanken. Man sollte sie bei rheumatischen und arthritischen Erkrankungen bei sich tragen.

Der Granat ruht in seiner Aktivität, bis er poliert ist.

Roter Jaspis

Der rote Jaspis ist ein opaker Stein, in dem sich die Kraft des Lichtes noch nicht offenbart hat. Er ist ein bescheidener, gewöhnlicher Stein, der als die Mutter aller Edelsteine hoch geschätzt wird, da er starke magische Eigenschaften besitzt. Die Kraft der Erde tritt durch die Füße in den menschlichen Körper ein. Hier findet auch die erste Umwandlung statt: Die Erdenenergie wird umgewandelt in menschliche Energie. Der Jaspis gilt als Symbol der Kraft, der Vitalität, der Körperlichkeit. Er bringt zusätzliche Energie, die über das Kreuzbein- und Solarplexus-Chakra eintritt.

Der Rote Jaspis wurde in Peru sehr geachtet und man hält ihn für einen Schutz gegen Hexerei. Wenn er negative Einflüsse absorbiert und damit seinen Träger möglicherweise vor Gefahr schützt, wird er trübe. Er ist hilfreich für die Leber und den Geruchssinn.

Der Jaspis kommt in einer Vielzahl verschiedener Farben und Farbkombinationen vor. In geschliffenem Zustand wird er zum prächtigen Juwel, das uns an die Vielfalt und Farben der Erde erinnert.

Blutjaspis

Der Blutjaspis — zuweilen auch Heliotrop genannt — ist ein dunkelgrüner Stein mit roten Punkten, die auf Eiseneinschlüsse zurückzuführen sind. Er verfügt über starke Heilkräfte für unseren Körper. Die »Blutstropfen« im Heliotrop wirken auf die vier Elemente und führen einen optimalen Eisengehalt im Blut herbei, wenn es an mineralischem Eisen mangelt. Gemeinsam mit dem Turmalin, dem Topas und dem Karneol hat der Blutjaspis die Fähigkeit, direkt in den physischen Körper auszustrahlen.

Der Blutjaspis eignet sich gut bei kaltem Wetter, wenn man fröstelt und sich energielos und ausgelaugt fühlt. Er kräftigt, belebt und stimuliert den ganzen Menschen.

ORANGE STEINE

Karneol

Der Karneol ist ein Symbol der warmen, belebenden und positiven Energie der Erde. Er erinnert uns an die Arbeit, die hier auf der Erde zu tun ist. Deshalb ist der Karneol ein sehr guter Grund- und Verankerungs-Stein für all jene inspirierten Menschen, die mehr Erde und Erdung in ihrem Leben brauchen. Wir dürfen bei all unserem geistigen Streben nicht vergessen, daß wir von diesem Planeten Erde ernährt werden und auf ihm inkarniert sind, und daß wir gebraucht werden, um unsere Arbeit hier und jetzt zu tun. Wir alle sind dafür verantwortlich, daß die Weiterentwicklung der Menschheit gefördert und gehoben wird.

Der Karneol hat elektromagnetische Eigenschaften, die jedem Menschen wohltun, der diesen Stein bei sich trägt. Er speist Energie-Moleküle direkt durch die Haut — so wie wir Prana aufnehmen, wenn wir Luft einatmen. Er stärkt und festigt Wohlgefühl und ein Empfinden innewohnender Kraft.

Der Karneol beeinflußt und regelt mit seinen Kräften die Nahrungsaufnahme in den Körper und die Aufschließung und Nutzung der Nahrungsstoffe im Organismus. Er hält das ganze Verdauungssystem klar und durchlässig.

Die besten Karneole besitzen einen wunderschönen, durchscheinenden Glanz. Man kann sie als Talisman tragen und universale Symbole oder Worte einschneiden, um ihnen mehr Kraft zu verleihen.

Der Karneol kann dir ein machtvoller Verbündeter aus dem Bereich der Erdennatur werden. Wenn wir danach streben, uns tief mit der Erde zurückzuverbinden, stellen wir zugleich auch unsere Verbindung mit dem Universum, dem Kosmos wieder her.

Feueropal

Der goldorangefarbene Feueropal hat die enorme Kraft, alle Arten von Kristallisierungen im Bereich unseres physischen Körpers, unseres Äther- und Astralleibes aufzubrechen.

Der Stein ist von durchscheinender Leuchtkraft — ein Symbol des Opferfeuers, das zur Läuterung der Seele beiträgt. Er zeigt unsere Mission der mystischen Offenbarung bis hin zur Erleuchtung — Tätigkeit, inspiriert von Weisheit. Der Feueropal hilft uns, uns mit unserem höheren Selbst zu verbinden und damit die Kluft, den Trennungszustand zwischen unserem körperlichen und dem seelischen Selbst zu überbrücken.

Die warmen Orange-Töne dieses Edelsteines vermitteln positive Eigenschaften wie Vitalität, Energie, Kraft und Ausdauer. Weiterhin sind die Kräfte dieses Steines von großer Hilfe im Bereich des Verdauungssystems.

Der Opal bildet eine große Familie von vielen verschiedenen Farben, die ihm zugleich unterschiedliche Eigenschaften verleihen. Ganz allgemein unterstützt der Opal die Entfaltung der Intuition und ihren Einfluß auf das Verstehen.

Weitere Informationen über die Kräfte des Opals finden sich im Kapitel »Weiße Steine«.

GELBE UND GOLDGELBE STEINE

Topas

Warmes, goldenes Feuer,
dein anziehendes Strahlen
ruft uns empor
zur kosmischen Wahrheit.
So lasset uns hell werden
dem reinen Strahlen
der Ewigkeit des Geistes
dem unendlichen Regenbogen der Freude.

Dies ist die Botschaft, die der Topas uns bringt: »Ich schenke dir goldenes Licht, einen Strahl der Sonnenlicht-Energie, um dich zu leiten, auf daß du bewußter und strahlender werdest. Manchmal ist dieser Vorgang schmerzlich, weil Teile deines Selbst widerstreben. Doch trachte weiter nach der Wahrheit, nach dem Verstehen, nach der Einsicht in das Wesen der Dinge, das Wesen des Lebens und das Wesen deines Selbst, das dein Schlüssel ist zur Meisterschaft und Weisheit.«

Goldenes Licht ist Erleuchtung. Das Strahlen dieses Universums sendet uns eine Botschaft, die uns mitteilt, daß alle Schöpfung aus Liebe entstand. Liebe steht hinter der Entfaltung. Liebe führt zum Licht, doch es gehört uns nicht. Es wird uns gegeben als Lohn für unsere Liebe und unser gutes Schaffen.

Der Topas übt einen inspirierenden, stimulierenden Einfluß auf unser höheres Denken und unsere Seele aus. Sein goldenes Licht erinnert an den Heiligenschein geistig liebevoller Menschen. Er hebt über das Weltliche empor, schwingt sich hinauf in die Unendlichkeit und streckt sich aus nach dem Ziel des Lichtes. Er lehrt uns die Unwirklichkeit der Materie und die Unvergänglichkeit des Geistes, den wahren Sinn der Weisheit.

Sein elektrisierendes Wesen spricht unser ganzes Dasein an, das heißt wir werden geladen mit größerer Bewußtheit, Wachheit, Klarheit, Konzentrationskraft und Kreativität. Die elektrischen Ladungen stärken und stimulieren unseren ganzen Körper. Dieser starke Einfluß wirkt ausgleichend im Nervensystem und auf den Solarplexus, der angstgeladen ist, wenn Konflikte oder Disharmonie aufkommen. Der Topas ist eine vorzügliche Hilfe bei Erschöpfung und nervlichen Schocks bis zum Nervenzusammenbruch.

Vor einigen Monaten wurde ich tief berührt von der Brillanz und Schönheit eines Goldtopas, in dessen Tiefen Rosatöne wunderbare Regenbogenfarben reflektierten. Ich wußte in diesem Augenblick, daß mir dieser Stein ein zuverlässiger Freund werden sollte. Ich ließ ihn in Gold fassen und trage ihn an einer Goldkette, die die Kraft des goldenen Strahls noch verstärkt. Während der ganzen Zeit, in der ich dieses Buch niederschrieb, trug ich den Goldtopas. Er war mir eine unverzichtbare Hilfe bei der Konzentration meiner Energien und Aufmerksamkeit auf diese Aufzeichnungen.

Im Topas werden die goldenen Strahlen der Sonne eingefangen und umgewandelt. Die Kraft und das Strahlen aus dem Innersten der Sonne werden wahrnehmbar.

Bernstein

Tropfen goldenen Honigs
tief in der Erde,
leicht wie der Flügelschlag eines Vogels.
Dein kristallgewordener Saft
kündet von der Macht der Natur.
Du läuterst unseren Leib,
erhöhst unsere Seele.

Der Bernstein ist ein leichtgewichtiger »Stein« pflanzlichen Ursprungs. Er besteht aus versteinerten Pflanzensäften und Harzen, die manchmal noch Einschlüsse wie Insekten, Farne und Blumen enthalten, die aufgrund ihrer Molekularstruktur die Energien des Bernsteins noch verstärken. Eine solche ununterbrochene Kette der Lebensformen kündet von der Macht der Natur und der Kraft elektrischer Ladungen.

Die hohe Schwingungsfrequenz des Bernsteins reinigt und läutert den ganzen Organismus. Er besitzt eine intensive magnetische Ausstrahlung, die auf das Hormon- und Verdauungssystem ausgleichend wirkt. Dies hilft bei der Stabilisierung des Milz-, Herz- und Basischakras und damit wiederum bei der Öffnung der Gefäße für das Aufsteigen der Schlangenkraft. Die helleren Goldtöne des Bernsteins stehen in Verbindung mit dem Mentalen, während die dunkleren, rötlichen Farben auf den regenerativen Aspekt, die Kundalini-Energie wirken. Die Ausstrahlung des Bernsteins erzeugt Wärme dort, wo die kühleren Gegenden des Körpers sind. Sie stellt darüber hinaus die Kraft der Sonne in unserem eigenen Sonnen-Zentrum — dem Solarplexus-Chakra — wieder her, das einen sehr wichtigen Einfluß auf unser körperliches und mentales Wohlbefinden ausübt.

Als heilig geschätzte Perlen werden im Orient aus Bernstein angefertigt. Sie werden in der Meditation und Kontemplation verwendet, um der Seele auf ihrem Weg zur Erleuchtung behilflich zu sein. Sie sollen das innere Sehvermögen, die Hellsichtigkeit anregen, damit zum äußeren Sehen die innere Schau hinzukommen möge.

Zitrin

Der Zitrin steht mit seiner goldgelben Farbe unter dem Zeichen von Weisheit und Frieden. Er wirkt unmittelbar stimulierend auf das Mentale und hilft dabei, die Brücke zwischen dem höheren und niederen Denken hinauf zu den intuitiven Bereichen des menschlichen Geistes zu schlagen. Er regt kosmisches Bewußtsein an, das die Menschheit echtem Verständnis und tiefem Mitgefühl näher bringt.

Ein Großteil der Zitrine wird heute künstlich durch Brennen von Amethysten (violette Kristalle) hergestellt; sie werden auch (fälschlich) Goldtopas genannt. Dieser Prozeß ähnelt dem natürlichen Geschehen; die Kraft des Feuers und der Hitze werden zur Verwandlung eingesetzt. Natürlich hat der echte Zitrin mehr Kraft, aber ich glaube, daß auch der ehemalige Amethyst eine spürbare Wirkung zeigt.

Die helleren Farbtöne des Zitrin fördern gedankliche Klarheit und sind insbesondere nützlich für den Bereich des endokrinen und des Verdauungssystems, da sie reinigend und klärend wirken und Giftstoffe ausscheiden helfen, die sich dort angesammelt haben. Die dunkleren, feurigeren Farben helfen zur Umwandlung von Angstzuständen im emotionalen oder mentalen Bereich und lösen diese Gedankenformen im Bereich des Solarplexus auf, wo sie unter Umständen sogar als ererbte Zustände gestaut waren.

Der Zitrin besitzt in starkem Maße die Fähigkeit, Ruhe und Linderung bei Störungs- und Unruhezuständen zu spenden. Sein heilender Einfluß ist bei Depressionen von größtem Wert, wie auch bei jeglichen Verdauungsbeschwerden einschließlich Verstopfung und bei der Zuckerkrankheit.

ROSA STEINE

Turmalin

Der Turmalin ist nicht zu übertreffen hinsichtlich seiner wohltuenden Wirkungen und der Schönheit seines Farbenreichtums. Er beeindruckt jeden Menschen positiv. Negatives absorbiert oder behält er nicht. Er wächst in Form gerippter Säulen, die an Pflanzenstiele erinnern. Der Turmalin hat die warme, starke Energie der Sonne in sich gespeichert, die uns auch in wunderbaren Farben der Blumen entgegenstrahlt.

Der Turmalin ist ein sensibler Stein für sensible Menschen. Er ist fein, sanft, aber stark. Er hat sowohl piezoelektrische als auch pyroelektrische Eigenschaften. Der piezoelektrische Effekt bedeutet, daß Quarzkristalle sich unter mechanischem Druck elektrisch positiv und negativ aufladen. Der zuerst beim Turmalin festgestellte pyroelektrische Effekt bedeutet, daß ein Kristall unter Einwirkung von Hitze oder Kälte eine elektrische Ladung erzeugt.

Wegen dieser bedeutenden elektrischen Eigenschaften hat der Turmalin mit seinen Einflüssen eine besondere Affinität zum menschlichen Nervensystem. Dieses versorgt unsere Organe und Drüsen mit der lebensnotwendigen Energie, die gebraucht wird, um die richtige Funktion und ein Gleichgewicht auf allen Ebenen unseres Daseins aufrechtzuerhalten. Der Topas, der Bernstein und der Karneol wirken in gleicher Weise elektrisch.

Dieser Edelstein, ein klarer Kristall, zeigt manchmal eine Vielzahl von Farbschichten der feinsten Abstufung — ein Regenbogen in sich selbst —, so daß er, wenn du empfänglich genug bist, dich mit seiner Schönheit, seinen geheimnisvollen, phantastischen Farben verzaubern kann. Er bringt Freude und Harmonie. Seine Farben — vom Schwarz bis zur Farblosigkeit — sind den verschiedenen Chakras zuzuordnen.

Rubellit

> *Öffne dein Herz dir selbst,*
> *erblicke dich selbst mit Augen*
> *voll Liebe, Mitgefühl und Verständnis.*
> *Wisse, du bist eine Widerspiegelung*
> *des Göttlichen, das in allem ist.*
> *Das Spiegelbild ist der Spiegel*
> *der Vollkommenheit und Kraft im Innern.*

Der Rubellit, der rötliche Turmalin, ist die Königin im Reiche der farbenfrohen Turmalin-Familie. Er kommt selbst in einer Vielzahl von Farbtönen vor, dem tiefen Rot über zarte Rosatönungen bis hin zum selteneren Violett. Er will vom Herzen aus Führung geben und den Willen zu Liebe und Opfer stärken. Der Rubellit ist Symbol der Liebe einer Mutter zu ihrem Kinde.

Dieser kostbare Edelstein hilft uns, die hingebungsvollen Impulse und Bestrebungen zu verstärken, zusammenzufassen und auszurichten. Ähnlich dem Rubin, jedoch feiner, wirkt auch der Rubellit ausgleichend auf das Herzchakra. Er schenkt uns Einsicht und Wahrnehmung für unsere Emotionen und beseitigt Konflikte und Pein, die uns in Verzweiflung und Traurigkeit geführt haben. Die warmen Farbtöne des Rubellit helfen uns, unser Herz uns selbst gegenüber zu öffnen, unseren eigenen Wert zu empfinden, unsere Göttlichkeit zu erkennen. Liebe beginnt bei uns selbst damit, daß wir uns selbst vertrauen; denn in unserem Innern wartet die Kraft, die alles vollbringen kann.

Wir alle haben die Verantwortung, uns selbst anzuerkennen und anzunehmen, freudig die Liebe zu begrüßen, die wir sind, und die Liebe in unserm Innern zu sehen.

Wassermelonen-Turmalin

Dieser Stein ist ein zweifarbiges Juwel mit faszinierenden Eigenschaften: Ein Querschnitt des Wassermelonen-Turmalins gleicht der Frucht, deren Namen er trägt, er zeigt quasi eine grüne Rinde um einen rosa Kern.

Dieser Turmalin ist Symbol der Gegensätze, der Prinzipien Yin und Yang. Daher hat er die Eigenschaft, Gleichgewicht in Polaritäten zu schaffen und zu helfen, die Energien wieder umzukehren. Er ist von großem Nutzen bei Störungen und Schuldgefühlen, die durch Konflikte und Verwirrung der Geschlechterrollen entstanden sind, die in diesem Abschnitt unserer Entfaltung zu ganzen, heilen Menschen wichtig sind. Dieser Turmalin lehrt uns, unabhängig, integriert und sicher in uns selbst zu ruhen, in Harmonie mit unseren verschiedenen Aspekten.

Der Wassermelonen-Turmalin erleichtert uns den Wechsel von starrem Denken und Voreingenommenheit zu größerer Offenheit und Flexibilität. Er kann den Ausgleich in die widerstreitenden Kräfte um uns und in uns schaffen. Er hat auch einen starken heilenden und und harmonisierenden Einfluß auf unser Nervensystem und unser Herz. Sein Grün gibt dem Herzen und dem ganzen Körper Lebenskraft, während das Rosa lindert, beruhigt und harmonisiert.

Rhodochrosit

Der Rhodochrosit kommt in einer Vielfalt von Farben und Formen vor, vom hellroten Kristall bis zu weichen, opaken Rosatönen mit Streifen und Wirbelmustern.

Der Rhodochrosit ist ein guter Energieüberträger und beeinflußt seinen Träger sehr wohltuend. Er hilft gut bei der Integration der physischen, mentalen und emotionalen Aspekte, wenn er am Körper mitgeführt wird.

Die Rosatönungen bringen dem Herzen Wärme und Ruhe und erwecken zärtliche Gefühle der Liebe, Zuneigung und des Mitgefühls.

Die kristallinen Formen des Rhodochrosit zeigen sich in einer gold-rosa oder klaren, roten Farbe seltener Schönheit und Anziehungskraft. Sie haben einen starken Einfluß auf unser schöpferisches Denken sowie auf die intuitiven Bereiche unseres Geistes. Sie strahlen eine höhere Schwingungsfrequenz als ihre opaken Geschwister aus, doch für alle Rhodochrosite gilt, daß sie magnetisch wirksam sind und Kraftfelder um ihren Träger und ihre Umgebung erzeugen und aufrechterhalten.

Rosa-goldene Farben um den Rhodochrosit verstärken seine Wirkung und sein Kraftfeld. Andere Edelsteine wie der Rubin oder der Amethyst, die ganz andere Aufgaben haben, werden in ihrer Kraft ebenfalls verstärkt durch den hohen Kupfergehalt im Gold oder Goldrosa.

Rhodonit

Der Rhodonit ist nicht so kräftig und heilsam wie sein Verwandter, der Rhodochrosit, doch hilft seine rosa Farbe dem Herzen.

Der Rhodonit kommt in hellen Rosatönen mit schwarzen Adern vor und zeigt, wenn er geschliffen und poliert ist, einen lieblichen, perlmuttartigen Glanz, der ihn zu einem gern gesehenen Schmuckstein macht.

Er fördert und schafft Frieden und Stille, wenn Unruhe und Verwirrung im Denken vorherrschen.

Rosenquarz

Der Rosenquarz ist kein starker Heiler, jedoch ein hübscher Stein in deinem Heim, zum Verschenken und — geschliffen — als Schmuck. Seine sanften Rosatöne fördern Empfindungen wie Zärtlichkeit und Freundlichkeit.

Der Rosenquarz wächst in großen Mengen in der Erde, um uns an diese warmen, herzlichen Empfindungen zu erinnern, an Freundschaft und Schenken.

GRÜNE STEINE

Smaragd

Der Smaragd, eine Göttin unter den Edelsteinen, kann durch die Kraft und Schönheit seines Lichtes göttliche Qualitäten in unsere Seele einfließen lassen. Das goldene Licht verbindet sich mit dem blauen Licht des unendlichen Geistes und offenbart sich im grünen Funken der Kreativität.

Der Smaragd ist ein Symbol der Regeneration und des Lebens, indem es das Ziel des Lebens ist, eine Seele zu schaffen und sie mit der geistigen Farbe der Erde zu vereinen. Der Smaragd steht für die Neugeburt und die Entwicklung eines neu belebten, schönen physischen Körpers, in dem eine höhere Seele ihre schöpferischen und künstlerischen Fähigkeiten zur Blüte entfalten kann.

Der Smaragd ist einfühlsam und lindernd, er schenkt Frieden und Harmonie für Körper, Herz, Seele und Geist. Dieser Strahl der Natur hat auch die Kraft, uns in Übereinstimmung mit den Naturkräften zu verbinden.

Das grüne Juwel wirkt stärkend und ruhig, erfrischend und stillend zugleich. Sein machtvoller, klarer Strahl, der magnetisiert und verstärkt, richtet sein Licht aus wie einen Laserstrahl und verwandelt Krankes.

Der Smaragd sendet ununterbrochen Schwingungen der Ausgeglichenheit, der Heilung und unendlicher Geduld zu all denen, die der Einstimmung und Inspiration bedürfen und schenkt uns so innere Erbauung.

Der Strahl des Wachstums im Smaragd hat die Fähigkeit, über seine Spirale der Entwicklung und des Wachsens in die höchsten Höhen des Bewußtseins aufzusteigen, und er offenbart uns wundervolle Geheimnisse von Himmel und Erde.

Das Kraftfeld des Smaragds wirkt unabhängig davon, ob der Stein roh oder unbearbeitet, ob er geschliffen oder poliert ist. Für die Behandlung körperlicher Symptome sind die opaken Smaragde besser geeignet als bei emotionalen Zuständen. Die klaren Smaragde fördern meditative Zustände, Inspiration und Heilbehandlung.

Der Smaragd untersteht dem Einfluß der Venus und des Mondes. Er wächst vor allem in Südamerika (Brasilien, Kolumbien) und Mexiko, wo er Verwendung in Tempeln und bei religiösen Zeremonien fand. Die Schönheit des Smaragds (engl.: emerald) ließ die Legende von Esmeralda entstehen:

O Esmeralda,
dein strahlend grünes Feuer
nährt uns Leib und Seele.
Du bist es, die uns schenkt
deine unübertreffliche Schönheit,
dein unvergleichliches Licht.
Wir preisen dich, Esmeralda,
du Göttin des Mitgefühls und der Liebe.
Du öffnest uns den Blick,
auf daß wir dein Licht schauen.

In Ägypten und im Orient schreibt man dem Smaragd wunderbare Heilkräfte für die Augen zu, und auch gegen den bösen Blick sollte das Tragen eines Smaragds ein guter Schutz sein. Manche Edelsteinschleifer erfrischen ihre müden Augen mit Smaragd-Wasser.

Der Smaragd gilt auch als Symbol des Reichtums und der Fülle, und wenn du nach diesen Dingen strebst, dann trinke häufig Smaragd-Wasser. Lege den Smaragd in ein Glas Wasser, laß es über Nacht stehen (oder einige Stunden in der Sonne), nimm den Stein am anderen Morgen heraus und trinke das Wasser, wobei du dich noch einmal auf dein Ziel besinnst und danksagst. Es ist die geistige Essenz des Steines, die du in dich aufnimmst; die Wirkung ist ähnlich wie bei Blütenmitteln, bei denen die Essenz der Pflanze auf deinen Ätherkörper wirkt.

Bitte trage den Smaragd nur als einziger Stein oder zusammen mit einem Diamanten, dem Vermittler des weißen Lichts. Zusammen mit anderen Steinen getragen, wird die Kraft des Smaragds abgeschwächt oder ganz ausgeschaltet.

Malachit

Malachit ist das Symbol der Kreativität und der Veränderung. Die herrlichen Muster von Augen, Spiralen, Streifen, Kreisen und wechselnde Farbschattierungen veranschaulichen das Bild des kosmischen Wandels. Der Malachit überbringt uns die Botschaft des grünen Feuers im schwarzen, leeren Raum, in den sich das Universum entfaltet, die Botschaft aus dem Schoße der Schöpfung, dem mystischen Wasser, aus dem alle physischen Manifestationen geboren werden.

Ich bin Malachit,
der uralte Traum Ägyptens,
ewiges Leben und die Augen des Horus.

Ich bin die Kraft der Schöpfung;
empfange mein Wesen in dein Herz,
das grüne Licht der Heilung und Erneuerung.

Ich bin der Same im schwarzen Nichts,
dem mystischen Wasser, dem Mutterschoß.
Versuche nicht, mich zu verstehen —
erfahre mich.

Die Dichte und Opazität dieses Edelsteines sind Darstellung des Physischen, Materiellen. Solange wir uns auf diesem Planeten befinden, müssen wir die Dichte dieses Daseins überwinden. Durch unser Wirken im Materiellen erlangen wir ein Verständnis vom Wissen des Geistes. Seine Natur, die Veränderlichkeit, berührt jeden Teil unserer Körper und Seelen.

Der Malachit offenbart unsere tiefsten Ängste und Wünsche, die wir im Herzen bergen, durch den Prozeß des Erlebens, des Erschaffens.

Der Malachit wurde von den Ägyptern als heiliger Stein verehrt, und sie verwendeten ihn auf unterschiedliche Art. Er wurde auf dem Körper getragen als Schutz und Sicherheit während der Schwangerschaft. Malachite wurden — wie ich es auch heute tue — auf den Körper gelegt, um Heilung, Gesundheit, Ausgeglichenheit und Harmonie im ganzen Organismus zu schaffen. Er wurde zu Pulver zerstoßen und dieses zu einer Paste verarbeitet, die sowohl als Heilmittel wie auch als Kosmetikum diente. Der Malachit wirkt auf die körperlichen Augen und das innere Schauen. Er beeinflußt unser Herz und unser ganzes Wesen heilsam.

In diesem Zusammenhang möchte ich gerne ein persönliches Erlebnis schildern. Es war vor einigen Jahren, als ich in Arizona lebte und mit Edelsteinen und ihren Kräften experimentierte, um sie besser kennenzulernen. Mit einem befreundeten Menschen, der diese Liebe zu den Edelsteinen teilte, ging ich zu einem ausgetrockneten Flußbett in die heiße Stille der Wüste hinaus. Wir hatten viele Malachite mitgebracht, die wir, nachdem wir dankgesagt hatten, über unseren ganzen Körper, die Chakras und auf das Gesicht legten. Dann begaben wir uns auf eine magische Reise. Mein Körper erlebte eine machtvolle Heilung und mein Geist flog, zusammen mit einem Adler und einem Falken, über die Wüste. Ich blickte hernieder und verstand die Erde. Eine Wiedergeburt, eine Erneuerung meines Leibes, meiner Seele und meines Geistes hatte sich vollzogen.

Seit jenem Tage liebe ich diesen mächtigen Edelstein und vertraue ihm. Er wurde zu meinem meistgebrauchten Helfer und Verbündeten bei Heilbehandlungen.

Jade

> *Frieden und Ruhe,*
> *Schutz und Glück*
> *in zahllosen Schnitzereien —*
> *Bildern von Göttern und Drachen —*
> *symbolisieren die natürliche Harmonie*
> *von Form und Geist*
> *in Schönheit und im Glanz der Jade.*

Jade ist der geschätzteste Edelstein des Ostens, wo sie zum Symbol von Frieden und Ruhe aufgrund ihrer herrlich beruhigenden Eigenschaften wurde.

Die Jade hat sehr feine Wirkungen, die über eine lange Zeit hinweg das Bewußtsein in jedermann anheben. Sie nimmt keine negativen Einflüsse auf, sondern strahlt ununterbrochen heilende harmonische Schwingungen aus.

Jade erweckt Empfindungen der Opferbereitschaft in unserem emotionalen Wachstum. Der Jadekaiser stand im alten China für eine kosmische Gottheit, mit der Macht (im Opferdienst) assoziiert wurde. Weiterhin wurde er als Geber und Erhalter folgender Tugenden verehrt: Bescheidenheit, Weisheit, Gerechtigkeit und Mut.

In Mexiko, in den Ländern des Orients und des fernen Ostens wurden vorzügliche, große Bildnisse und Skulpturen aus Jade, einem sehr kräftigen Stein, geschnitzt. Jadebilder von Drachen haben in China eine doppelte Bedeutung: Schutz und innere Kraft, Glück und langes Leben. In China wurden auch mehrere Jade-Anhänger am Gürtel getragen, die nicht nur Glück verheißen sollten, sondern auch hübsche Töne von sich gaben, wenn sie aneinander stießen. Tänzerinnen setzten diese Jadeglöckchen zur Untermalung ihrer Kunst ein. In einem alten chinesischen Gedicht werden die Jade-Anhänger erwähnt: »... wer gäbe dem Klingeln der Jade-Anhänger den Vorzug, wenn er einmal gehört hat, wie die Jade im Fels wächst ...«

Die Botschaft der Harmonie bringt dieser Edelstein aller Welt. Jadeperlen werden in der Meditation, für die Kontemplation und zur Beruhigung bei innerer Rastlosigkeit verwendet. In China pflegten Geschäftsleute ihre Hände in den Ärmeln verborgen zu halten, wo sie während ihrer Verhandlungen die Jade umfaßten.

Jade und ihre Verwandten, Nephrit und Jadeit, kommen in vielen verschiedenen Farbtönen und Schattierungen vor, die Unterschiede in ihrer Charakterisierung bewirken. Die hellen weißen oder cremefarbigen Töne wirken allgemein beruhigend auf das Nervensystem. Blaßviolett und Lila haben eine Beziehung zum Herzchakra, sie glätten und beruhigen das Gefühlsleben. Die tieferen Grüntöne wirken heilend und ausgleichend auf den ganzen Menschen.

Grüner Turmalin

Der grüne Turmalin kommt in einer Vielzahl verschiedener Farbschattierungen vor und vermittelt uns die ausgleichende Kraft der Natur. Er ist fein und doch dynamisch. Er bringt Ruhe ins Denken über seine Wirkung auf das Nervensystem und erzeugt in uns den Willen, Weisheit zu erlangen und Konflikte aufzuheben.

Der grüne Turmalin ist heiter, aufbauend und heilend und in der Lage, unseren ganzen Körper zu erneuern und zu verjüngen. Er bringt Harmonie in unsere mentalen Bereiche, indem er überaltete Vorstellungen erschüttert und uns drängt, auf einer anderen Bewußtseinsebene neu anzufangen.

Jeder von uns wird zu dem richtigen, notwendigen Farbton geführt. Der grüne Turmalin ist ein guter Heiler bei Herzerkrankungen, Problemen mit dem Blutdruck und asthmatischen Zuständen.

Grün-klarer Turmalin

Hierbei handelt es sich um einen zweifarbigen Edelstein mit der Eigenschaft, beruhigend und ausgleichend auf das Gehirn und die Nervensäfte einzuwirken.

Seine lindernde Ausstrahlung ist von großer Hilfe bei Kopfschmerzen und Entzündungen.

Chrysopras

Dieser apfelgrüne, durchscheinende Edelstein hat eine hervorragende, ausgleichende, harmonisierende Wirkung auf unseren physischen, mentalen und emotionalen Körper. Er strahlt dauernd ein sanftes Licht aus, das seinen Träger beruhigt und ausgeglichen stimmt. Der Einfluß des Chrysopras scheint Probleme zu klären, unbewußte Gedanken auf eine bewußte Ebene zu heben und das innere Sehvermögen zu stärken.

Der Chrysopras übt einen starken heilenden Einfluß aus und er hilft allen zu Ausgeglichenheit und Zielbewußtheit, deren Verhaltensmuster etwas neurotische Züge aufweisen. Die dunkleren Grüntöne haben hierbei stärkere Schwingungsfrequenzen als die helleren. Doch alle Chrysoprase sind wirkungsvoll, wenn es um Hilfe zur Ausschaltung und Linderung von Komplexen wie des Minderwertigkeits- oder Überlegenheitsgefühls oder um leichte Formen der Hysterie geht.

Die goldgrünen Strahlen dieses Juwels wirken auch gut im Bereich des Herzens, nähren es, bringen ihm neue Energie und Ruhe.

Peridot

Der Peridot schimmert in einem weichen, gold-grünen Licht. In antiken Kulturen wie Atlantis und Ägypten und in den Reichen der Azteken, Inkas und Tolteken wurde er sehr geschätzt und viel verwendet. Er leistete gute Dienste zur Beruhigung, Läuterung und Ausgeglichenheit des physischen Körpers.

Wegen des hohen Anteils der gelben Farbe am Grün des Peridot besitzt dieser auch die Fähigkeit, hilfreich die Entfaltung unserer mentalen Möglichkeiten zu unterstützen, sowie das Gefühlsleben in Gleichgewicht und Ruhe zu bringen.

Dieser Stein der Sonne hilft uns, unser inneres Auge der geistigen Sonne zu öffnen, von Melancholie freizukommen und Inspiration zu empfangen.

Der Periodot besitzt stark reinigende Wirkung. So fördert er Verdauung, hilft bei Verstopfung, entzündlichen und geschwürigen Erkrankungen der Eingeweide und unterstützt ganz allgemein die Funktion der Milz.

Dioptas

Die wunderschönen, tiefgrünen Kristalle des Dioptas sind junge Steine, die im Schwingungsbereich der Smaragde wachsen.

Die starke, grüne, heilende Ausstrahlung dieser Edelsteine erinnert uns an die Fülle der Natur auf Erden.

Nicht viel ist über dieses Juwel bekannt, doch ich fühle mich persönlich sehr von ihm angezogen. Sein schönes grünes Licht ist inspirierend. Ich trage einen großen, tiefgrünen Kristall an einem Ring; er erinnert mich an das grüne Feuer des Schutzes und des Lebens, des Glückes und der Kraft.

Aventurin

Im Aventurin begegnen wir einem recht durchsichtigen Quarzkristall, der durch eingelagerte Glimmerplättchen etwas schimmert. Er trägt keine sonderlich starken Heilungsschwingungen, vermittelt aber Ruhe und Heiterkeit, wenn man ihn in der Hand hält.

Einen Aventurin bei sich oder in seiner Umgebung zu haben, ist nie ein Fehler.

Moos-Achat

Der Moos-Achat kommt in verschiedenen Grüntönen vor und hat eine moosartige Maserung, die uns an das Pflanzenwachstum auf der Erde erinnern.

Dieser Stein ist nicht so sehr ein heilendes Juwel, doch er ist mit der Energie der Natur geladen.

Er hilft all denen, die die Erde bearbeiten (z. B. Gärtnern), und eignet sich gut als Berührungsstein (engl.: touchstone).*

Grüner Jaspis

Der grüne Jaspis vermittelt ein intensives Gefühl von der Erde und ist nützlich in deiner häuslichen Umgebung. Die Schwingungen des grünen Jaspis bringen denen Harmonie und Ausgeglichenheit, die sich von ihm angezogen fühlen.

Dieser Stein hat einen wohltuenden, beruhigenden Einfluß.

BLAUGRÜNE STEINE

Aquamarin

L'eau de mer,
das den Durst des Geistes stillt,
unser Denken reinigt und die Seele läutert.

Unendlichkeit ist deine Inspiration,
die du uns Einsicht in die Tiefe gewährst,
das Herz erleuchtest und die Augen öffnest.

Du bist unser Trost auf dem Weg zur Unsterblichkeit,
Maria ist dein Name,
Unschuld und Reinheit sind deine Züge.

Der Aquamarin, ein durchsichtiger, strahlender Edelstein, ist der Stein der Mystiker und Sucher reinen Herzens, die alles empfinden. Das Blaugrün des kosmischen Meeres bricht das

---

* Stein, den man nicht unbedingt am Körper trägt, sondern eine Weile in der Hand hält

Licht der Sonne wie die Wellen des Ozeans. Der feine Einfluß dieses Steines hält lange an, er berührt unseren Geist in der Tiefe.

Der Aquamarin wirkt sehr stark ausgleichend auf allen Ebenen und stabilisiert unseren emotionalen, mentalen und physischen Körper. Er ist ein Stein mit ausgezeichneter, reinigender Wirkung, und ich nutze seine guten Eigenschaften, um das Kehlchakra von unreinen Gedanken zu befreien, die sich hier angestaut haben.

Der Aquamarin hilft uns, Reinheit und Unschuld zu bewahren und visionäre Klarheit zu erreichen. Er hilft uns bei Nervenschmerzen, Drüsenstörungen, Beschwerden in Nacken und Hals, Kiefer und Zähnen.

Türkis

Flug des Geistes
tief in die Wasser des Ozeans,
hoch in die Höhen des Himmels:
Der Türkis spricht von Unendlichkeit.

Der Türkis ist Symbol für das Blau des Himmels und des Meeres. Die Unendlichkeit der See ist die Tiefe unserer Seele. Die Unendlichkeit des Himmels ist die grenzenlose Höhe unseres Aufstieges.

Der Türkis ist undurchsichtig wie die Erde, doch er transformiert unseren Geist sehr hoch. Er schenkt uns die Weisheit der Erde und des Himmels. Er ist zugleich alt und jung.

Der Türkis wurde als heiliger Stein von antiken und jüngeren Kulturen auf der ganzen Erde geachtet, die eine Neigung zum Mystischen und Geistigen hatten. Die Symbolik seiner Farbe hat zu dem Glauben geführt, daß wir aus dem Geiste sind. Gemeinsam mit dem Malachit und dem Lapislazuli wurde der Türkis im alten Ägypten verehrt. Auch der persischen Kultur war er heilig, wo er als Symbol der Reinheit galt. Der tibetanische Buddhist und der Indianer achten diesen Edelstein, da sie glauben, daß er die Atmosphäre enthält, die die Erde umgibt, und damit Lebensatem schenkt. Diese beiden Kulturen sehen den Türkis und die Koralle als Repräsentanten der Polarität von Erde (rot) und Himmel (blau).

In Tibet gibt es eine Brücke, die Türkis-Brücke genannt wird. Gebetsmühlen und Zauberkästen sind gewöhnlich mit Türkisen geschmückt, weil dies Glück bringen soll.

Der Türkis wird auch in Ringe eingesetzt und im Haar getragen. Die tibetanischen Frauen pflegten einen kunstvollen Rahmen mit Türkisen zu schmücken, um den sie dann ihr langes Haar wanden, um es möglichst gut zur Geltung zu bringen. Der Türkis wird auch zur Besserung des Gesundheitszustandes verwendet.

Die Indianer Amerikas glauben, daß der Türkis Beschützer und Wache für Körper und Seele ist.

Der Türkis ist in der Lage, negative Empfindungen aufzunehmen, die sonst auf seinen Träger übergegangen wären. Seine Farbe verändert sich, wenn sein Träger krank ist oder etwas Unangenehmes bevorsteht. Manchmal zerspringt dieser Stein auch in seinem Schutzdienst, gleichsam als Opfer.

Der Türkis hat kräftige Heilungsschwingungen, die durch seinen Kupfergehalt noch unterstützt werden.

Chrysokoll

Mutter der Schöpfung,
nährst unsere Saat,
Klar wird der Sinn
in unserm hellen Traum.
Deine Geschenke,
Gnade und Barmherzigkeit,
Geduld und Verständnis,
führen unsere Herzen
zu deiner Schönheit.

Im Chrysokoll sehen wir eine jüngere Schwester des Türkis vor uns. Dieser Stein untersteht der Venus, die Schönheit, Liebe und Harmonie symbolisiert. Er ist sanft und doch stark. Er gleicht dem Türkis, hat aber ein stärkeres Licht. Die Symbolik ist dieselbe, doch der Einfluß des Chrysokoll reicht in höhere Bereiche des Bewußtseins.

Der Chrysokoll verhilft zu Ausgeglichenheit, emotionalem Gleichmut und bringt Frieden in Herz und Sinn. Er eignet sich gut zur Linderung von Ängsten und Schuldgefühlen, die unserer Entspannung im Wege stehen und Disharmonie verursachen.

Der Chrysokoll ist ein weicher Stein und dient auch zur Herstellung von Heilmitteln.

BLAUE STEINE

Saphir

Licht des friedvollen Himmels,
blaues Licht des Geistes,
leuchtender Stern am Firmament.

Du kündest von Treue und Hingabe,
du füllst unser Herz mit Glauben und Liebe,
gibst Weisheit unserem Tun.

Deine Botschaft ist kosmische Unendlichkeit,
höheres Mysterium, unendliche Wirklichkeit,
so sollen wir verwandelt werden
durch die Reinheit deines Strahls.

Die Kraft des Saphirs liegt in den Strahlen, die er aussendet, die Farbe des Himmels, das blaue Licht. Der Saphir besitzt das stärkste Feuer aller blauen Edelsteine. Dieses Juwel ist Materie der Erde, verwandelt vom blauen Strahl, und es vergeistigt, reinigt und heilt.

Sein tiefes, durchdringendes Licht verstrahlt reine Hingabe, kündet uns von der Unendlichkeit des Kosmos, von höheren Mysterien und der unendlichen Wirklichkeit. Es hat die Kraft zur Verwandlung, zur Erhebung unserer Seelen in höhere Bereiche.

Der Saphir fand Verwendung bei höheren Mysterien. Seine heilige Schönheit weckt Empfindungen der religiösen Hingabe, innerer Weihe und Glauben. Der Stein begünstigt Meditation und wurde aus diesem Grunde von Yogis, Heiligen und Heilern gleichermaßen gebraucht.

Der blaue Saphir wirkt besonders heilsam im Bereich des Kehlchakras, des Zentrums der Reinheit, wo Gedanken und

Worte zu läutern sind. Die Kehle ist der Weg zum geistigen Aspekt unseres Wesens, unserer religiös-mystischen Natur. Sie ist die Verbindung zwischen Fühlen und Denken, zwischen Herz und Hirn. An dieser Stelle haben die meisten Menschen Blockaden. Wegen alter Verdrängungen, wegen Vorgängen, die niemals artikuliert wurden, Worten die wir verschluckt haben, entstanden hier Stauungen. Um unsere wahren Intentionen zu manifestieren, muß der Energiefluß hier frei und offen sein.

Der Saphir kommt in einer Vielfalt von Blautönen vor, vom hellen Blau bis zum tiefen Indigo. Die lichteren Schattierungen erzeugen heiteren Optimismus und eignen sich zur Unterstützung der Meditation. Der indigoblaue Saphir wird unter den indigo Steinen noch eingehend besprochen.

Die Sternsaphire sind nicht so wirkungsvoll, doch sie inspirieren zum Bhakti, zur Hingabe an Gott. Diese Edelsteine leuchten mit einem Feuer, das durch einen speziellen Schliff erzeugt wird.

Der durchsichtig klare farblose und der gelbe Saphir wirken wie Filter für Gedanken und läutern sie.

Lapislazuli

Der Lapislazuli ist ein undurchsichtiger, tief königsblauer Stein, dessen Farbe symbolisch für die unendliche Weite des Geistes steht. In den antiken Kulturen Atlantis, Ägypten, Mexiko und in den Reichen des Ostens wurde der Lapis als heiliger Stein sehr geschätzt.

Er gilt als wichtiger Stein im Erdenreich, Repräsentant des absoluten Lichtes. Er rührt an Liebe und Schönheit und bringt Harmonie ins Innere wie nach außen.

Der Lapislazuli hat die Gabe, zu hohem Idealismus anzuspornen und das eigentliche Wesen von Gemeinschaft und Zusammenarbeit zu verwirklichen.

Dieses Juwel, Symbol des erleuchteten Denkens, besitzt eine lange Geschichte. Im antiken Ägypten schnitzte man Skarabäen aus ihm, um so auf doppelte Weise ein Symbol der Unendlichkeit zu schaffen. (Sowohl der Käfer als auch der verwendete Stein werden mit der Unendlichkeit assoziiert.) Viele heilige Worte und Mantren wurden in Lapis geschnitten und gaben diesem Stein ein hohes esoterisches Potential. Das Blau der Moscheen inspirierte die moslemische Kultur zu wundervollen Steinarbeiten und Schmuckstücken, und auch in den Kirchen und Palästen des alten Rußland finden sich wunderbare Schnitzereien.

Lapislazuli ist ein Stein der Meditation und Kontemplation, der uns zu der Erfahrung inspiriert, daß Liebe, Unsterblichkeit und Gott eins sind.

Die Lapislazuli von tiefer Leuchtkraft mit hellen, brillantexotischen Blautönen sind die nützlichsten. Pyriteinschlüsse — jene golden schimmernden Teile, die der Beweis für die Echtheit des Lapis sind — lassen den Stein besonders schön glänzen und erhöhen die positive Energie.

Der Lapislazuli hat starke heilende, lindernde und läuternde Eigenschaften im physischen Bereich. Das tiefe Blau durchdringt die Knoten oder Stauungen im energetischen Bereich der Kehle, löst sie auf und öffnet damit den Weg für das heilige Wort. Was schon beim blauen Saphir über die Kehle und das Kehlchakra gesagt wurde, gilt auch hier, wenn auch auf einer physischen Ebene, da es sich beim Lapis um einen opaken Stein handelt. Mit dem Lapis lernen wir, uns von den Gedanken und Gefühlen zu lösen, die es verhindern, daß wir unserem wahren Selbst Ausdruck geben. Laßt uns daran denken, daß die Sprache unsere höchste Gabe ist, und daß die Formbarkeit der Stimme Anzeichen unseres evolutionären Entwicklungsstandes ist.

Der kühlend-blaue Strahl des Lapislazuli hilft uns bei Schwellungen und Entzündungen und erinnert uns zugleich an das Komplementärgesetz: Bei brennendem Rot ist der Einsatz von kühlendem Blau angezeigt.

Blauer Topas
(allgemeine Informationen unter »Goldtopas«)

Der blaue Topas ist ein wunderschöner, durchscheinender brillanter Edelstein. Sein helles, lichtes Blau wirkt kühlend, beruhigend und inspirierend.

Sein Zauber wird begründet durch den ihm eigenen starken Magnetismus, der als elektrische Einheit von Sender und Empfänger wirkt, recht ähnlich wie wir es vom Turmalin und vom Bernstein her kennen.

Die Botschaft dieses Steines kündet vom blauen Himmel der Ewigkeit, und seine elektrische Kraft macht dieses Juwel zu einem sehr machtvollen Werkzeug und Vermittler des strahlenden Lichtes, der Klarheit, Reinheit und des geistigen Strebens. Dieser große Reinigungs- und Läuterungsstein findet sehr wohl Verwendung im Bereich des Kehlchakras und des Nervensystems.

Der blaue Topas kann schöpferischen Künstlern von großem Nutzen sein, die sich inspirieren lassen wollen von seinem Strahl, bevor sie ihr Werk in Angriff nehmen.

Sodalith

Der Sodalith ist ein tiefblauer Stein, der noch in seinem Entwicklungsprozeß begriffen ist. Er ähnelt dem Lapislazuli, wirkt jedoch auf einer niederen Funktionsebene. Er ist zu dicht, um als Meditations- oder Kontemplations-Stein in Betracht zu kommen.

Die Kraft des Sodalith kann man verstärken, indem man ihn zusammen mit einem anderen blauen Edelstein der gleichen blauen Schwingung gebraucht. Der Sodalith wirkt harmonisierend auf die Drüsen, die unseren Stoffwechsel regeln.

Als Schmuckstein und zur Herstellung hübscher Schnitzereien wird der Sodalith häufig verwandt.

INDIGOBLAUE STEINE

Indigo Saphir

Der indigoblaue Saphir hat die erleuchtende Eigenschaft, alle Aktivitäten der Weisheits-Manifestation zu durchdringen und zu steigern. Sein Merkmal ist die Universalität: Gott im Menschen, der Mensch in Gott.

Die Kraft seines Strahles entfaltet unsere intuitiven und hellsichtigen Wahrnehmungen, so daß wir das Licht der Wahrheit klar sehen und Weisheit schauen und erreichen können. Er beseitigt Verwirrung und Illusion aus dem Intellekt und bringt Klarheit in die suchende Seele. Er lehrt uns, zwischen Illusion und Wissen zu unterscheiden.

Der indigoblaue Saphir wirkt durch die Verwandlung und Verklärung der verschiedenen Aspekte des menschlichen Geistes und überbrückt die Kluft zwischen konkretem Denken und abstrakten Begriffen. Er untersteht dem Einfluß des Saturn, der in der Zukunft nicht mehr als Planet des Unglückes gelten wird wie heute, sondern als Wegweiser des Erleuchteten geachtet werden wird.

Dieser Edelstein ist von großer Bedeutung bei der Heilbehandlung, insbesondere bei Geistesstörungen, wo er die Fähigkeit besitzt, Bewußtseinsverwirrung zu durchstrahlen und höhere Frequenzen einzubringen.

Azurit

> *Dein tief strahlendes Licht,*
> *geboren aus fernem Gestirn,*
> *öffnet das Auge der Weisheit,*
> *jenseits der mystischen Räume.*

Der Azurit ist ein kristalliner Edelstein, tiefblau, mit einem Hauch Purpur. Er erinnert uns an das »Auge des Geistes«. Er symbolisiert inneres Wissen und Weisheit. Er steht für hohe Sensitivität, spirituelles Wahrnehmungsvermögen, Intuition und Hellsichtigkeit. Dieses Juwel besitzt erstaunliche Möglichkeiten, uns die Himmelstür zu erschließen dank seiner Kraft zu sehen, die es uns schenkt.

Das Wesen dieses Steines ist jenseits von Denken und Fühlen, eine andere Dimension des Erlebens, eine andere Daseinsdimension.

Der Azurit ist ein Stein, der sich besonders gut eignet zur Meditation, wenn man ihn dabei auf das dritte Auge legt, denn er kann unser geistiges Sehvermögen zur letzten, höchsten Wahrheit und zum kosmischen Bewußtsein hinlenken. Er öffnet uns dem inneren Schauen und beseitigt Hindernisse auf diesem Weg.

Der Azurit ist für alle Studierenden, die für Prüfungen pauken, ausgesprochen hilfreich, er öffnet ihnen den Geist und stärkt das Gedächtnis. Dazu braucht man ihn nur auf den Schreibtisch oder neben sich zu legen.

Dieser Edelstein ist besser geeignet zur Entwicklung des menschlichen Potentials als zur Herstellung von Schmuck.

VIOLETTE STEINE

Amethyst

Geheimnisvoll-majestätisches Leuchten,
Juwel der höchsten Macht und Inspiration,
du hast den Schlüssel zur Verwandlung
durch Selbstopferung und Läuterung.

Im Amethyst haben wir ein schillerndes Symbol der Verwandlung vor uns, das den Prozeß der Alchemie im körperlichen, emotionalen und geistigen Bereich repräsentiert. Es gibt sowohl kristalline als auch nicht-kristalline Formen verschiedener Farbtöne. Die violette Farbe ist gewöhnlich an der Spitze des Kristalls am stärksten.

Dieser Stein korrespondiert mit dem höchsten Punkt des Kopfes, dem Scheitelpunkt, Einlaßpforte für höhere Kräfte. Das niedere, rote Feuer der Sinne wurde emporgehoben ins Blau des geistigen Lebens. Das Rot der Aktivität ist verschmolzen mit dem Blau der Göttlichkeit. Purpur war immer ein Symbol der Herrlichkeit, der durch Leid gereiften und geadelten Geist-Natur. Wenn das niedere Wesen durch die einfließende Geistigkeit geläutert und verfeinert ist, wird man des »Purpurgewandes« würdig, erreicht das letzte Ziel auf dem Wege.

Der Amethyst wirkt auf vielen Ebenen und auf viele Aspekte unseres Wesens, an den Grenzen und Ecken unserer Wahrnehmung, wo die Geheimnisse ihren Platz haben. Er ist ein Stein der Inspiration, der die Meditation verstärkt, die Liebe und Hingabe für Gott, und uns zum selbstlosen Geben, zum Dienst an der Menschheit aufruft.

Die Spiritualität des Amethysts wurde von den frühen Christen wohl erkannt, die ihn als ein Symbol der Selbstopferung, der Reinheit und Keuschheit ansahen, als Symbol der Tugenden des Fische-Zeitalters.

Der Amethyst bringt Energie. Er hat die Gabe, unser Bewußtsein zu verwandeln, indem er Wandlung in die alten, festgefügten Denkmuster, Verhaltensweisen und Emotionen einkehren läßt. Dieser Stein kann bei der Heilbehandlung von großem Wert sein. In Verbindung mit der Farbtherapie, insbesondere bei der Verwendung violetten Lichtes, verstärkt sich die Wirksamkeit des Kristalls. Wegen des ultravioletten Anteils am Farbspektrum wirkt der Amethyst bei Veränderungen auf molekularer und zellulärer Ebene organischer Substanzen wie pflanzlicher, tierischer oder menschlicher Gewebe. Aus dem gleichen Grund wirken die Einflüsse des Amethysts auch gemeinsam mit Ultraschall-Schwingungen im Bereich der Musik-Therapie, der medizinischen Chirurgie ebenso wie in Bereichen, die wir nicht wahrnehmen können.

Der Amethyst vertreibt Zorn, Wut, Angst und Furcht, die unseren Geist von metaphysischer Erkenntnis abhalten. Er klärt unsere Träume.

Die sehr dichte Schwingung dieses Steines ist wirksam bei starken Schmerzen aller Art, nicht nur im physisch-körperlichen Bereich, sondern auch bei großem Kummer und psychischer Krankheit; der Amethyst bringt Trost und Linderung.

Auch bei Kopfschmerz und Schlaflosigkeit ist die Verwendung des Amethysts angezeigt. Tupfe und reibe die Schläfen in einem solchen Falle leicht mit Spitze und Seitenflächen des Kristalls.

Die Amethyst-Schwingungen sind weiterhin hilfreich bei der Behandlung aller Krankheiten, die ihr Ursache in Verunreinigungen des Blutes haben, so zum Beispiel Hautausschläge, Furunkel und auch Geschlechtskrankheiten.

Die tiefvioletten Kristalle, die am stärksten strahlen, wirken zusammen mit der Kundalinienergie; sie bringen Gleichgewicht und Stabilität in Probleme, die aus der Polarität der Geschlechter erwachsen. Die blauen Amethyste finden Anwendung bei religiösen Zeremonien und wirken, indem sie überkommene Verhaltensmuster auflösen und ausschalten. Helle malven- bis lavendelfarbene Amethyste wirken bei mystischer Veranlagung sehr inspirierend und fördern bei Adepten der okkulten Künste die Entwicklung einer brillanten Aura. Die Lilatöne symbolisieren die offene Liebe zur Menschheit, und orchideenfarbene Schattierungen sind Abbild des herrlichen Idealismus, der Teil des neuen Zeitalters ist bzw. sein wird.

Zur Zeit kann man sehr viel Amethyste finden, denn dieser Edelstein wächst in der Erde, weil sich unser Planet Erde wieder harmonisieren und ins natürliche Gleichgewicht bringen muß. Jeder von uns kann es sich leisten, einen Amethysten zu erwerben, der recht preiswert zu kaufen ist, wenn man an seine Schönheit und an die Hilfe denkt, die er einem bieten kann.

Wir wollen im Sinn behalten, daß ein Gleichgewicht des Körpers (rot) und des Geistes (blau) bestehen soll, damit wir uns mit dem Kosmos verbinden und eins werden können mit der unendlichen Gottheit

Fluorit

Der Fluorit ist ein junger Stein, der noch im Prozeß der Entwicklung und Entfaltung seiner vollen Möglichkeiten begriffen ist. Seine kubischen Kristalle kommen in einer Vielfalt verschiedener Farbtöne vom blassen Lavendel bis hin zum tiefblauen Purpur vor.

Der Fluorit agiert als Katalysator der Transformation, die zum inspirierten Dienen, zu kosmischen Wahrheiten und Weisheit führt. In dem Maße, wie wir lernen, das Unendliche in allem zu lieben, werden wir Freude in allem finden. Wir wollen erkennen, daß unser Fortkommen auf Erden eigentlich die fortschreitende Entfaltung unseres inneren Sehvermögens ist.

Die Botschaft des Fluorits sagt uns, daß Weisheit aus Harmonie erwächst, daß Harmonie aus Kontemplation entspringt, daß Kontemplation im Frieden ihren Ursprung hat, und daß der innere Friede zum inneren Licht und zur inneren Freude führt.

Der Fluorit hat starke, heilende Wirkung, die der des Amethysten ähnlich ist. Er hilft bei geistigen Störungen und bei spirituellem Erwachen.

Dieser Stein kommt auch in mehreren Grüntönen vor, die überschüssige Energien gut erden und uns helfen, möglichst effektiv zu arbeiten, selbst wenn wir es mit ungeheuren Frequenzbereichen in unserem physischen Körper zu tun haben.

WEISSE STEINE

Mondstein

> *Stein des Mondes,*
> *dein sanftes Licht*
> *spiegelt unsere Gefühle*
> *und offenbart unsere Träume.*

Ein sehr alter Stein von besonderer geistiger Bedeutung ist der Mondstein. Er ist dem Mond und dem weiblichen Aspekt unseres Gefühlslebens verbunden. Der Mondstein hilft zuverlässig bei der Beruhigung und Abschwächung übersteigerter emotionaler Reaktionen.

Der indischen Kultur galt der Mondstein als heiliger Edelstein, und Mondsteine waren es, die die Schnitzereien an den Tempeltüren schmückten, die Vereinigungen des Männlichen mit dem Weiblichen zeigten. Sie waren Symbol des Einsseins unserer polaren Aspekte und bezogen das Emotionale und Traumhafte in unser Wesen mit ein.

Der Mondstein fördert inneres Wachstum, gibt Kraft und hilfe unserer Seele in ihrer Entwicklung.

Er ist fast durchsichtig weiß, manchmal mit einem leichten Blauschimmer oder in hellen Cremefarben. Die klaren, sauber polierten Steine gelten als die besten.

Zur Zeit des Vollmondes oder der Menstruation müssen Frauen auf ihr überempfindliches Gefühlsleben achtgeben und sich von Mondsteinen fernhalten. Zuviel ist nie gut.

Ich empfehle den Mondstein Männern, um ihnen zu helfen, sich ihrer weiblichen, emotionalen Seite zu öffnen.

Opal

Der Opal ist ein leicht durchscheinender, geheimnisvoller Stein, in dem das ganze Farbenspektrum vom milchigen Weiß bis hin zum Schwarz vertreten ist — ein Spiegelbild der Ganzheit.

Dieses besondere Feuer mit seinen opalisierenden Farbblitzen kann genutzt werden, um höchste spirituelle Ebenen der inneren Schau zu erreichen. Die mannigfachen Farben des Regenbogens wirken auf alle Chakras. Manche Opale können gleichzeitig auf mehrere Chakras wirken, und verschiedene Arten des schwarzen Opals sogar auf alle Zentren zugleich — harmonisierend und ausgleichend, wo es nötig ist.

Die ganze Opal-Familie erhebt unser normales Bewußtsein zu kosmischer Bewußtheit, so daß wir uns stärker eins fühlen in unserem inneren Wesen, die Kluft zwischen dem Körper und der Seele wird geringer.

Der Opal ist ein poröser Stein, der sehr zerbrechlich ist und leicht Risse bekommt. Die Beugung und Brechung des Lichtes durch das im Stein enthaltene Wasser und winzige Risse sind Ursache für das Opalisieren, die Veränderung der Farben bei Änderung des Blickwinkels.

Der milchig-weiß schimmernde Opal dient wohl zur Beruhigung des Gefühlslebens. Die in anderen Opalen vorherrschende Farbe wirkt auf das ihr entsprechende Chakra.

Verschiedentlich wurde dieser Edelstein als Unglücksstein bezeichnet, weil er die Negativität des Menschen aufnimmt und später zurückgibt. Diese Interpretation weist auf das im Opal wirkende Gesetz der Wiederkehr, das Karmagesetz hin, das in diesem Falle bedeutet, daß unsere Gedanken der Läuterung bedürfen, wenn wir einen solchen Stein tragen wollen — sonst werden wir mit unserer eigenen Negativität konfrontiert.

Der Opal ist der Edelstein, der am besten zeigt, daß sich Steine vor ihrem Besitzer verbergen können, ihn fliehen oder gar forthüpfen. Wenn dieser Stein zu einem Menschen zu einer bestimmten Zeit nicht paßt, wird dieser ihn nicht finden. Wenn die rechte Zeit gekommen ist, taucht der Opal wieder auf. Das ist eines der Geheimnisse dieses Juwels.

Der Opal sollte nicht mit anderen Steinen zugleich getragen werden.

Perle

In der Perle erblicken wir ein Juwel der Meere, das man in den Schalen bestimmter Muscheln finden kann. Ein Sandkorn oder ein anderer Fremdkörper wird vom Muschelorganismus eingekapselt und durch wachsende Schichten von Aussonderungen isoliert. Der Fremdkörper wirkt als Ursache für die Entstehung einer Perle und überbringt uns die Botschaft der Verwandlung.

Juwel des Meeres,
Symbol der Einweihung,
du sprichst vom Opfer,
vom Erreichen hoher Wahrheit
durch die praktische Liebe,
vom Kampf des inneren Wachstums,
um schön zu werden wie die Perle.

Unsere eigene Entwicklung, unseren Kampf beim inneren Wachstum können wir mit diesem Prozeß vergleichen und zugleich die Erkenntnis gewinnen, daß wir — ganz gleich wie gering oder unterdrückt wir sind — alles erreichen können, sogar die unglaubliche Schönheit einer vollendeten Perle.

Die Perle steht als Symbol der Einweihung und des Vorgangs, durch den man auf die entsprechende Ebene gelangt, durch Selbstopferung und die höhere, geistige Liebe.

Die Perle will uns zeigen, daß wir innerlich frei werden können, wenn wir verfestigte Muster im Denken und Fühlen in Frage stellen und erschüttern.

Die Perle nimmt die negativen Energiemuster ihres Trägers auf und wirft sie — wie einen Bumerang — zurück; somit hilft sie ihrem Träger in gewissem Sinne bei einer Konfrontation mit sich selbst — sicherlich ein schmerzlicher Prozeß.

Selbstverständlich sind Naturperlen weitaus wirksamer und hilfreicher als Zuchtperlen. Der Glanz einer Perle ist abhängig von der Temperatur des Meerwassers, die Färbung von seiner Zusammensetzung. Die sogenannte Barock-Perle entsteht, wenn die Perle zu lange in der Muschelschale bleibt und ihre vollendete Kugelform verliert. Wenn Perlen stumpf werden, kann man ihren Glanz wiederherstellen, indem man sie in ihre natürliche Umgebung, in Meerwasser, taucht.

Die Perle verfügt aufgrund ihres Kalzium-, Mineral- und Eiweißgehaltes über gute Heilkräfte. Man sollte die Perle nicht mit anderen Steinen zusammen tragen — dies gilt besonders für den Diamanten —, da sonst jeglicher Konflikt in einem selbst stark potenziert würde und die so entstehende Disharmonie die eigene Fähigkeit zur Konfliktbewältigung übersteigen könnte. Verspürst du jedoch eine starke Neigung hierzu, so könnte das bedeuten, daß ein einschneidender Läuterungsprozeß mittels Selbstkonfrontation von großem Wert für dich und gerade jetzt angezeigt ist

SCHWARZE STEINE

Schwarzer Turmalin

Nährboden der Unendlichkeit,
Finsternis der Nacht,
verborgen und unsichtbar
bist du das Tor zu allen Mysterien.

Im schwarzen Turmalin finden wir ein Symbol des Geheimnisvollen, des nicht Sichtbaren und nicht Wahrnehmbaren, des Abstrakten.

Er wird als heilkräftigster aller schwarzen Steine geschätzt, da er über Kräfte als elektrischer Vermittler und über magnetische Schwingungen verfügt. Er reagiert auf Negativität eher durch Ablenkung als durch Absorption, wie es die meisten anderen schwarzen Edelsteine tun. Der schwarze Turmalin wird all denen zum schützenden Schild, die leicht auf negative Energien reagieren.

Die Glätte der schwarzen Turmalin-Kristalle wirkt sehr anziehend und erinnert uns daran, daß die Essenz des Lebens der Form bedarf, durch die sie sich manifestieren kann, um auf der physischen Ebene sichtbar und wahrnehmbar zu sein.

Die Schwingungen des schwarzen Turmalins erzeugen Ernsthaftigkeit, Selbstkontrolle, Disziplin und großes Durchhaltevermögen. Sie helfen ebenfalls zur Klärung abstrakter Gedanken und Begriffe.

Schwarzer Onyx

Der schwarze Onyx untersteht — wie alle schwarzen Steine — dem Einfluß des Saturn. Er lehrt uns, daß das Ego durch Kummer und Schmerz über alle Oberflächlichkeit erhoben und seine Aufmerksamkeit auf das Geistige und die ewigen Wahrheiten gelenkt wird. Der schwarze Onyx stabilisiert und züchtigt, und so führt sein Einfluß schließlich zu jener Erneuerung und Erleuchtung, die so häufig nach Krankheit und Trauer eintreten. Er ist der höchste Lehrer für das Ego.

Der Onyx ist ein poröser, absorbierender Stein, jedoch kein Empfänger von Energien. Er kann Negativität aufnehmen und verarbeiten, und zur gleichen Zeit positive Frequenzen hereinlassen. Doch er ist nicht fähig, diese sehr lange zu behalten, was bedeutet, daß seine Kraft nicht von Dauer ist, sondern sich selbst schließlich neutralisiert.

Der schwarze Onyx ist ein Stein, der sich für Schnitzereien besonders gut eignet, im Bereich der Kunst ebenso wie zur Schmuckherstellung.

Obsidian

Der Obsidian ist ein schwarzer, glasähnlicher Stein vulkanischen Ursprungs, der manchmal durch und durch schwarz schimmert — wie die Steine aus Demlos (Griechenland) — oder aber geflammt und gemustert erscheint mit weißen Flecken.

Dieser Stein wird in bestimmten Indianerstämmen bei Zeremonien gebraucht, weil man glaubt, daß er das äußere und das innere Sehvermögen steigern kann.

Seine scharfen Kanten wurden als geeignetes Material für die Herstellung von Messern, Klingen, Speer- und Pfeilspitzen und Nadeln verwandt.

Gagat

Der Gagat, ein glänzender schwarzer Stein, hat im wesentlichen die gleichen Eigenschaften wie der schwarze Onyx.

Man assoziiert ihn mit Trauer, und tatsächlich trägt er gewisse negative Energien aus der Vergangenheit in sich, ebenso wie die schwarze Koralle, die für schwarze Magie mißbraucht wurde. Gagat-Messer wurden bei Opferritualen in Stonehenge verwendet.

In Irland, wo die See stürmisch und gefährlich ist, verbrennt die Fischersfrau ein Stückchen Gagat (Pechkohle), während sie für die sichere Rückkehr ihres Mannes betet.

Zermahlener Gagat wurde als Heilmittel bei Zahnschmerzen gebraucht. Auch gegen Magen- und Kopfschmerzen soll dieses Mittel geholfen haben.

Der Gagat ist ein weicher Stein und wurde deshalb gerne zur Herstellung von Schmuck und Kunstgegenständen verwandt, da er sich hervorragend für Schnitzereien eignet. Bei diesem Material handelt es sich um eine alte Kohlenart, die sehr hohem Druck ausgesetzt war.

Kapitel 7

Heilen mit Edelsteinen

DAS WESEN DER KRANKHEIT

Wir wollen feststellen, daß die Natur von Krankheit und Leiden meistens durch alte Verhaltensmuster verursacht ist, durch Reaktionen auf Aktionen, durch Ängste oder zu große Nachsichtigkeit.

Diese Konflikte zwischen Seele und Persönlichkeit erzeugen Störungen des Gleichgewichts und der Harmonie in unserem Organismus. Die wichtigste Phase auf dem Wege zur Heilung ist das Dämmern der Erkenntnis, daß wir durch ein Verständnis der Ursachen selbst in die Lage kommen, uns zu heilen und die Gesundheit wiederherzustellen.

Unser Unterbewußtsein ist so alt, so tief verwurzelt in unserem Wesen und so urtümlich, daß wir Schwierigkeiten haben, seine ganze Macht über uns zu verstehen. Es ist die schöpferische Kraft in uns, die offenbart, was immer das Bewußtsein ihr vorlegt.

Um also wirkliche, dauerhafte Heilung und Gesundung zu erzielen, müssen wir zuerst unserer Gedanken und Taten bewußt werden. Wir müssen tief in unser Inneres gehen und unsere Gefühle überprüfen, die Muster und Vorstellungsbilder, die in unserem Denken entstanden sind. Das zu tun ist nicht leicht, und so begnügen wir uns meistens damit, die bloßen Symptome zu behandeln.

Der moderne Indianer in Amerika geht heutzutage zum Arzt, um seine Krankheitssymptome behandeln zu lassen, und dann geht er zum Schamanen, um die Ursache der körperlichen Erkrankung herauszufinden und seinen Geist zu behandeln.

Wir wollen erkennen, daß die universale Verbundenheit und wechselseitige Beziehung eine lebendige Wahrheit ist und daß wir selbst Teil dieses Einen, Ganzen sind.

GESUNDHEIT IST HARMONIE

In diesem Kapitel will ich die Verwendung von Edelsteinen und Kristallen zur Heilung und Wiederherstellung von Harmonie und Gleichgewicht im ganzen Menschen besprechen. Die Kraft hierzu kommt aus der Erde und dem Kosmos zugleich. Die Schönheit der Steine ist das Ergebnis ihrer vollendeten Eigenschaften.

Dies ist eine Zeit tiefgreifender Reinigungs- und Läuterungsprozesse für jede Seele, und deshalb gibt es viel Schmerzen und Leid. Die Kristalle und Steine wirken als Katalysatoren, die den Anstoß zur Läuterung geben und dabei mithelfen. Die Seele im einzelnen verlangt in ihrem Wachstums- und Entfaltungsprozeß nach dieser Harmonisierung mit sich selbst und dem Kosmos.

Das neue Zeitalter muß einen grundsätzlichen Bewußtseinswandel bringen von einem Bewußtsein voll Isolation und Trennungsdenken zu einem Bewußtsein ganzheitlichen Verstehens und Fühlens. Die Isolation war eine Ursache für Konflikte, Trauer, Kummer und Leid. Wir müssen wieder lernen, die Einheit in allem zu sehen. Zur Wurzel zurückzukehren heißt, den Sinn zu finden!

Der Heilungsprozeß auf diesem Planeten kann nur im Individuum seinen Anfang nehmen. Wir müssen den Mut haben, weiter nach dem Wesen des Lebens zu forschen und Einsichten zu erlangen in die Natur unserer selbst, in unser Herz zu blicken und in unsere Seele und dort das Übel, das Böse bekämpfen.

Die Erde ist grenzenlos mitfühlend und schenkt uns, was wir brauchen, um diese Aufgabe zu bewältigen. Es ist unser vertrauender Glaube an die Macht der Erde, an die Fähigkeiten der Kristalle und Steine, die es uns ermöglichen werden, ihren heilenden Zauber zu erfahren.

DIE BEDEUTUNG DES ATEMS

Tiefes, rhythmisches Atmen ist sehr wichtig. Es erlaubt uns, weit mehr Prana oder Energie als normal aus der Luft und von der Sonne in uns aufzunehmen. Deshalb sollten wir regelmäßig unsere Atemweise überprüfen und die tiefe Atmung üben.

Farb-Atemtechniken kann man einsetzen, um sein ganzes Wesen mit Energie zu nähren. Solche Techniken wirken wie ein Tonikum für müde Nerven und Gehirne. Man stellt sich in Gedanken die belebende Strahlung des betreffenden Farbstrahls vor. So kann man mit der Energie jedes der sieben Strahlen entsprechend dem eigenen Bedürfnis Kontakt aufnehmen.

Die ersten drei Strahlen (Rot, Orange, Gelb) sind — um es zu wiederholen — magnetisch und sollten als von der Erde heraufströmend in Richtung Sonnengeflecht visualisiert werden. Die drei letzten Strahlen (Blau, Indigo, Violett) sind elektrisch und sollten mit dem Einatmen aus dem Äther herabgezogen werden. Der grüne Strahl, der das Gleichgewicht in das Farbspektrum bringt, fließt horizontal in unseren Organismus ein.

Es heißt, daß wir zur Zeit unter dem Einfluß des vierten oder grünen Strahls leben, der Mitte zwischen den unteren Stufen des seelischen Wachstums und dem geistigen Erwachen. Für uns alle ist die Zeit gekommen, unser Herz zu öffnen und die Bedeutung der universalen Liebe in uns einzulassen und zu erfahren.

MEDITATION

Suche dir einen ruhigen Platz, lege einen Stein der Farbe, die du gerade benötigst, vor dich und tauche ganz ein in diese Farbe. Die Schwingungen des Steines können geistiges Wachstum stimulieren und deine Entfaltung fördern, wenn du entsprechend aufgeschlossen und empfänglich für sie bist. Du kannst nach folgenden Angaben üben und im Geist die passenden gedanklichen Leitbilder benutzen. Gedanken sind lebendige, schöpferische Wesen. Denke dir gute und wahre Dinge. Denke daran, daß negative Ergebnisse mit negativen Gedanken beginnen. Jetzt kannst du die Verbindung zwischen den Chakras und den farbigen Strahlen schon selbst herstellen: 1. Chakra — Rot, 2. Chakra — Orange, 3. Chakra — Gelb, 4. Chakra — Grün, 5. Chakra — Blau, 6. Chakra — Indigo, 7. Chakra — Violett.

Leitgedanken für Heilung und Harmonie bringende Meditationen:

1. Für Gesundheit, Vitalität, Energie gebrauche Rosarot und Orange.
2. Zur Wiederherstellung der Gesundheit nach einer Erkrankung stimme dich auf Grün, Blau und Violett ein. Laß Gedanken strahlender Gesundheit, Leichtigkeit und des Friedens in dich einkehren.
3. Bei Depression, Einsamkeit, Enttäuschung kannst du alle sieben Strahlen einsetzen; Gelb ist eines der stärksten Mittel gegen Depression und »Begrenzungen« jeder Art.
4. Für Wohlstand, Fortkommen, Erfolg ist Grün die große Energiequelle. Diese Schwingung wird das anziehen, was du möchtest. Dies ist der Strahl, der die Persönlichkeit bereichert und die Schwingungen von Erfolg und Fülle intensiviert.
5. Für mentale Entfaltung und Geisteskraft nimm den goldenen Strahl, der vom ewigen Zentrum der Weisheit ausgeht und für größere, mentale Kraft und Erleuchtung sorgt.
6. Zum vollkommenen Schutz und um den Körper mit kosmischer Energie, mit Gesundheit und friedvollen Schwingungen zu erfüllen, gebrauche das weiße Licht.
7. Willst du das Wesen deines Traumes erfahren, verwende Schwarz. Diese Farbe hilft, geistiges Verständnis zu erlangen, wenn dich viel Nervosität umgibt, die dir die Konzentration erschwert.

PLAZIEREN DER STEINE

Es gibt mehrere Möglichkeiten, mit Hilfe der Steine zu behandeln:

1. Lege ausschließlich Bergkristalle auf alle Chakras, um insgesamt einen Ausgleich und Harmonie ins Energiefeld zu bringen. Wie ich schon erwähnt habe, absorbiert der Bergkristall viel Negativität und erweist uns den einzigartigen Dienst, diese von einem Menschen, aus seiner Aura, seinem Raum oder seiner Wolhnung wegzunehmen. Diese Behandlung unterstützt die Harmonisierung der Aura, indem energetische

Stauungen der verschiedenen Kraftzentren oder Chakras beseitigt werden, die uns von Zeit zu Zeit immer wieder blockieren oder stören. Im Abschnitt über den Bergkristall habe ich beschrieben, wie eine Massage mit diesen Steinen durchgeführt werden kann.

2. Lege nur grüne Steine auf alle Chakras, um dein ganzes Wesen mit neuer Energie zu nähren und Harmonie einkehren zu lassen. Für diesen Zweck ist der Malachit hervorragend geeignet.

3. Lege verschiedene Steine — wie in Kapitel 2 angegeben — auf die ihnen jeweils zugehörigen Chakras, wo sie als Katalysatoren wirken. Die Edelsteine sind Empfänger und Sender des Lichts. Außer einigen wenigen Steinen wie Malachit, Lapislazuli und Jaspis, kann man allgemein sagen, daß das Maß ihrer heilenden Kräfte sich proportional zu dem vom Stein ausgesandten Licht oder Feuer verhält. Diese Art der Behandlung werde ich später noch ausführlicher besprechen.

ANDERE BEHANDLUNGSFORMEN

Vor vielen Jahrhunderten, lange vor dem »Aspirin-Zeitalter«, waren es die Alten, die Weisen und Adepten, die die Menschen von ihren verschiedenen körperlichen und seelischen Erkrankungen heilen konnten. Sie konnten die Ruhe im Hause der Menschen wiederherstellen. In China, Tibet, in den heiligen Tempeln Indiens und in den großen Heiligtümern der Inkas, Azteken und Mayas waren es die Priester, die in sorgfältiger Handarbeit Steine formten. Es heißt, daß diese Steine eine solche Gestalt hatten, daß sie Trost und Frieden in die menschliche Seele einkehren lassen konnten durch die Berührungswahrnehmungen, die sie vermittelten, wenn man sie in der Hand hielt. So wurde der ganze Organismus heilsam beeinflußt. In manchen Kulturen dienen Steinperlen demselben Zweck. Jene Steine beruhigen uns nicht nur, wenn wir nervös sind, sondern sie vermitteln uns auch ein Gefühl von der Erde, deren Pendant in uns selbst wir in ihrer Form berühren. Der Stein wirkt wie ein Spiegel unserer selbst.

— *Pulver:*

In antiken Heilmitteln kamen immer wieder pulverisierte Edelsteine vor, um bei bestimmten Erkrankungen Hilfe zu bringen. Ein Beispiel hierfür ist der Bernstein: Bei Problemen mit den Nieren, der Leber oder dem Darm (Verstopfung) nahm man zu Pulver zerstoßenen Bernstein, gemischt mit Honig und etwas Wasser. Dieses Heilmittel wurde geschluckt. Eine Paste aus pulverisiertem Malachit wurde vielfach zur Heilung von grauem Star verwendet.

Elixiere, Tinkturen und homöopathische Zubereitungsformen gibt es von vielen Edelsteinen, wie zum Beispiel dem Lapislazuli, dem Türkis und anderen.

— *Magnetisiertes Wasser:*

Bestimmte Steine wie der Smaragd, der Rubin, der Diamant und der Bergkristall sind zur einfachen Herstellung flüssiger Heilmittel verwendbar: Man legt den Stein der Wahl in ein Glas Wasser, läßt ihn dort mehrere Stunden lang oder über Nacht, während sich das Wasser mit der Energie des Steines auflädt. Um es zusätzlich aufzuladen, kann man das Wasser auch dem Sonnenlicht aussetzen, jedoch nur in sauberer, natürlicher Umgebung. Wie bei den Blütenmitteln ist es auch hier die wesenhafte Essenz des Steines, die auf den Ätherkörper einwirkt.

a) Für Fülle und Gesundheit nimm Smaragd-Wasser. Weitere Informationen im Abschnitt über den Smaragd.

b) Für Läuterung und Stärkung des Herzens, aber auch bei Bauchschmerzen hilft Rubin-Wasser.

c) Für Heilung im Ganzen, Schutz und Erleuchtung nimm Diamant- oder Bergkristall-Wasser.

— *Sonnenkraft:*

Die Eigenschaften der lebensspendenden Energien der Sonne können auch zur Wiederherstellung der Gesundheit eingesetzt werden. Die Ägypter benutzten Schalen, in die Edelsteine einer bestimmten Farbe eingearbeitet waren. Diese füllten sie dann mit Säften der gleichen Farbe und stellten sie hinaus in die Sonne, um sie mit der Energie von Ra aufzuladen. Manchmal wurden auch Schalen aus Steinen wie Achat, Lapislazuli, Malachit oder Jaspis gearbeitet. Wir können heute prinzipiell das gleiche tun, indem wir unsere Steine in die Sonne legen, um sie neu aufzuladen. Dies wurde schon im Zusammenhang mit der Reinigung der Steine erwähnt.

ENERGIEAUSTAUSCH BEI DER BEHANDLUNG

Wir wollen erkennen, daß eine Verbindung besteht zwischen dem Behandelnden, dem Patienten und den Steinen. Eine echte Behandlung bedeutet ein Partnerschaftsverhältnis zwischen diesen drei Seiten. Kontakt und Austausch finden zwischen dem Behandler und dem Patienten statt, wenn beide die Barrieren ihrer Persönlichkeit fallen lassen müssen. Das gestattet dem Patienten, die Kraft einfließen zu lassen, und dem Behandelnden, Kraft von sich ausgehen zu lassen. Ziel ist eine Partnerschaft in Harmonie. Je offener und empfänglicher man ist, desto bessere Ergebnisse erzielt man. Vertrauen und Annehmen sind die Aspekte, die zu einer erfolgreichen Behandlung führen. Die Reaktionen, die ich erlebt habe, lassen mir keinen Zweifel an den mächtigen Energien und Fähigkeiten der Kristalle und Edelsteine.

Dieser Glaube, dieses Vertrauen an die Steine geben mir Kraft als Werkzeug und Heilungsvermittler. Die Steine bergen in sich das Potential, Krankheit und Leid zu lindern und zu heilen, nicht mit Drogen, sondern mit der strahlenden Kraft des Lichtes, die auf allen Ebenen unseres Seins wirksam ist. Daß wir leiden, kommt von unserer Unfähigkeit, unser Leben von diesem Licht erleuchten zu lassen.

ABLAUF EINER BEHANDLUNG

Zuerst verbinde ich mich mit dem Patienten durch eine gemeinsame Atem-Meditation. Dann spreche ich von unserer Verbundenheit mit der Mutter Erde. Ich bitte den Patienten, alles loszulassen: Gedanken, Vorstellungen, Einbildungen — und zum aufgeschlossenen Empfänger heilender Energien zu werden.

Dann entspanne ich den Körper des Patienten durch eine leichte, beruhigende, sanfte Massage, insbesondere im Bereich des Herzens. Dabei brauchen wir uns nur vor Augen zu halten, daß die Hände Verlängerungen des Herzens sind und daß dieses eine Quelle der heilenden Magnetkraft und ein bereitwilliges Gefäß für das Licht ist.

Danach nehme ich mein Kristall-Pendel, um die Chakras auf Blockaden oder energetische Stauungen hin zu überprüfen, oder ich tue dies mit der bloßen Hand, in der ich Veränderungen als Hitze wahrnehme.

Nun wähle ich intuitiv die benötigten Steine aus, wobei ich mich von den betreffenden Chakras des Patienten leiten lasse. Ich wasche die Edelsteine, trockne sie ab und lege sie auf den Körper, wobei ich mit dem ersten Chakra beginne. Wo es nötig ist, konzentriere ich mehrere Steine auf eine Stelle. Zuletzt lege ich Steine aufs Gesicht und das dritte Auge bzw. Stirn-Chakra. Viel Verspannung findet sich im allgemeinen im Bereich des Unterkiefers, der Wangen und der Stirn.

Die Steine müssen vor und nach der Behandlung gewaschen werden, da sie sehr empfänglich für die verschiedenen Schwingungen sind. Zuweilen empfehle ich auch dem Patienten, daß er vor der Behandlung ein Bad nimmt, auf jeden Fall aber seine Hände wäscht. Ich tue selbst das gleiche.

Etwa 20 — 30 Minuten lasse ich die Steine auf dem Körper, je nach der Reaktion des einzelnen Patienten. Es ist wichtig, daß man diesen nie allein läßt, sondern die ganze Zeit bei ihm bleibt und die Reaktionen seines Körpers beobachtet. Manchmal fällt ein Stein herab; das bedeutet dann, daß er seine Arbeit getan hat und nicht mehr zurückgelegt werden braucht.

Fallbeispiele

Die so ganz unterschiedlichen Reaktionen auf Steinbehandlungen verblüffen mich immer wieder. Von einigen meiner Erfahrungen möchte ich gerne berichten.

Manchmal kommt es vor, daß der Patient in einen tiefen Schlaf fällt und sich nach der Behandlung an nichts mehr erinnert, sich jedoch sehr entspannt fühlt. Das bedeutet gewöhnlich, daß er zum Zeitpunkt der Behandlung nervös und nicht zentriert war und die Steine den Menschen regelrecht in Schlaf versetzten, um ungestört eine tiefgreifende Heilung und Wiederherstellung des normalen Energiezustandes erreichen zu können.

Einmal legte ich einen Kristall auf die Stirn eines Mannes, der sein Erlebnis danach folgendermaßen schilderte: »Zu Beginn fühlte er sich kalt und schwer an, und als ich mich entspannte, wurde er wärmer, und ich konnte trotz geschlossener Augen deutlich sehen. Er schien von Licht erfüllt zu sein. Aus der Mitte des Kristalls gingen dann Lichtstrahlen in den Regenbogenfarben aus und ich war voller Freude.«

Eine Frau hatte eine Vision, in der sie sich wie von blauem Licht erfüllt empfand. Dann sah sie das Bild einer Vogelschar, die von ihrem dritten Auge in den Himmel hinaufflog.

Ein Mann erlebte den Kristall als ein weißes, spiralförmiges Licht, das in seinen Körper eindrang, ihn ausfüllte und ihn als Lichtstrahlen beim dritten Auge wieder verließ.

Eine Frau hatte eine Vision: Drei Mönche führten sie zu einem Tal, wo sie ihr Sandbilder zeigten, deren Symbole in ihrem Leben sehr wichtig geworden waren.

Eine andere Frau wurde zurückversetzt in die Zeit, als ihr Vater starb, und sah ihn in seinem Sarg. Sie erlebte die Todesangst. Dann sah sie den Eingang zu einer Höhle. Diese war dunkel, doch sie wollte sie trotzdem betreten. In der Höhle befand sich ein sehr großer Kristall. Sie kletterte darauf, legte sich nieder und fühlte sich sehr wohl und sicher. Dann sah sie ein Feuer in einem Herd brennen, und zuletzt ein Zimmer. Die Wände des Zimmers wollten sie einschließen, doch sie sprach zu ihnen und bat sie, ihr Platz zu machen.

Ein Mann sah ein Bild seiner selbst; die rechte Hand war geöffnet, die Linke jedoch fest zu einer Faust geschlossen. Er erkannte ganz klar, daß es seine emotionale, empfängliche Seite war, die geöffnet werden wollte.

Ein anderer Mann hatte ein ähnliches Erlebnis; er empfand dabei seine rechte Seite sehr groß, die linke dagegen sehr klein. Beide Männer arbeiteten daran, die eine Seite ihrer Wesensart ins Gleichgewicht mit der anderen zu bringen und sie zu integrieren.

Eine Frau fühlte, wie sie starke Schmerzen in ihrem Herzen bekam, die bis zum Hals hinauf reichten. Als sie die Schmerzen losließ, sich nicht mehr darum kümmerte, hatte sie das Gefühl, tief in die Erde einzudringen und empfand sich dort wie im Mutterleib: warm umschlossen, geschützt und geliebt. Ihre

Mutter war gestorben, als die Patientin noch sehr jung war, und diese empfand zum erstenmal die Erde als ihre All-Mutter.

Das Erlebnis eines Mannes, dem ich Kristalle auf alle Chakras gelegt hatte, bewegte mich zutiefst. Er hatte nicht gelernt, sich zu öffnen, und schien regelrecht gepanzert zu sein. Doch nach der Behandlung teilte er sein Erlebnis ohne Scheu der Gruppe mit: »Ich sah meinen Kopf als einen Eisblock. Dann sah ich, wie dieses Eis von dem Punkt aus, wo der Edelstein lag, ganz langsam schmolz.« Der Mann hatte Tränen in den Augen und ich wußte, daß eine Tür in seinem Leben aufgegangen war.

Eine Frau fand sich in einer Pyramide wieder, eingehüllt wie eine Mumie, glaubte sich tot und wußte doch, daß sie es nicht war. Ihr linker Arm lag unter schweren Steinen und tat weh. Dann hörte sie eine Stimme sagen: »Alles, was du zu tun hast ist, deinen Arm wegzunehmen.« Sie bekam Durst und wollte Wasser. Dann wechselte die Szene und sie sah sich selbst unter Wasser und hatte Schwierigkeiten zu atmen. Dann sah sie sich wieder als Mumie eingewickelt, diesesmal jedoch mit mehr Bewegungsspielraum; sie konnte ihre Hände rühren. Doch sie empfand eine große Schwere in sich.

Auch eine andere Frau zeigte eine recht dramatische Reaktion. Nachdem ich viele Steine auf sie gelegt hatte, wurde sie aufgeregt und unruhig. Die Steine schienen auf einer tiefen Ebene zu wirken und alte Emotionen an die Oberfläche zu holen. Die Hände der Frau begannen sich nun sehr ruckartig, hart, ja militärisch zu bewegen. Die Patientin begann in einer unbekannten, sehr alt klingenden Sprache zu reden. Sie sah ein Bild von sich in einem früheren Leben, in dem sie als Krieger aus ihrem Heimatort vertrieben wurde, nachdem sie einen Kampf verloren hatte. Sie hatte Gesicht und die Ehre verloren und war heimatlos. Wir konnten durch dieses intensive Erlebnis an ein bestimmtes Verhaltensmuster rühren, das damals, in einem früheren Leben seinen Anfang genommen hatte und ihr viele Inkarnationen hindurch viel Leid gebracht hatte.

Als ich die Steine vom Herz-Chakra eines Mannes nahm, hatte ich das Empfinden, das Licht ginge aus. Er fühlte sein eigenes Herz wie einen schwarzen Stein. In diesem Augenblick wurde ihm bewußt, daß die Dunkelheit in seinem Herzen der Schmerz war, den er all die Zeit seines Vaters wegen empfand.

Eine Frau blickte am Ende der Behandlung selig auf und sagte: »Du bist auch ein Stein. Ich liebe die Steine. Ich fühle, wie meine Mutter, die Erde, mich schützt und hält. Ich kann alles loslassen und entspannen in dem Wissen, daß die Erde mein Zuhause ist.«

Eine andere Frau empfand die Steine zuerst sehr kalt. Als sie sich dann entspannte, sah und fühlte sie, wie eine warme Energie von ihren Füßen aus in ihre Beine heraufströmte. Diese Energie hatte die Farbe der Erde, ein warmes Braun. Sie stieg weiter herauf zum Sonnengeflecht, wo die Patientin das Empfinden hatte, als ob sich etwas weit öffnete. Sie vernahm eine Stimme und sah einen großen, braunen Stein zwischen ihren Füßen, der zu ihr sprach. Zuerst dachte sie, das ist unmöglich, weil Steine ja nicht sprechen. Doch der Stein sprach weiter und sagte: »Ich bin dein Freund, dein Verbündeter. Ich will dich leiten und lieben.« Als dann die Öffnung beim Sonnengeflecht geschah, fühlte sie von hier einen Weg zu ihrem Herzen. Es war voller Licht, und sie hatte keine Schmerzen mehr. Dann sah sie ein tiefblaues Samttuch hinter dem Stein und einen Kristall auf ihm. Sie weinte vor Freude und wußte, daß die Erde ihr Freund war. Später fühlte sie sich sehr von einem Karneol angezogen und wählte ihn für sich aus.

Eine Frau hatte eine Vision von einem Kristall-Palast auf einem Berg. Doch sie mußte erst einen dichten Wald durchqueren und sehr hoch steigen, um den Palast zu erreichen. Als sie sich näherte, wurde der Palast erleuchtet, als ob sie erwartet würde. Dann sah sie sich im Wasser und konnte sich treiben lassen.

* * *

All diese Visionen und Empfindungen gewähren einen tiefen Einblick in verschiedene Aspekte unseres Lebens. Sie wollen beachtet werden, damit wir die Blockierungen, die Konflikte und Schwierigkeiten verstehen lernen, die wir alle in uns tragen. Aus solchen Erlebnissen können wir noch besser lernen als aus Träumen, denn wir erfahren sie bei vollem Wachbewußtsein.

Die Kristalle und Edelsteine wirken augenblicksbezogen, und die Erlebnisse der Patienten sind bei jeder Behandlung anders. Der Sinn all dieser Behandlungen ist es, zu öffnen und herauszulassen, was auch immer vorhanden ist, also nicht zurückzuhalten oder zurückzudrängen, sondern bewußt zu machen und gewahr zu werden. Es ist notwendig, den Empfindungen zu folgen und ihnen nachzugehen, den Gefühlen Ausdruck zu geben und sich nicht vorzumachen, es wären keine vorhanden. Wir tragen zu viel Unerlöstes in unserem Unterbewußtsein, das uns heute im Wege steht, Wirklichkeit zu erleben, im Hier und Jetzt zu sein.

Angst, Zorn, Haß, Eifersucht und alle anderen negativen Gefühle schaffen eine Kette von Aktionen und Reaktionen nach dem Gesetz von Ursache und Wirkung. Als Belastung vergangener Inkarnationen und dieses gegenwärtigen Lebenszyklus können sie uns lange verfolgen wie Gespenster. Sie machen es uns unmöglich, zu lieben und uns geliebt zu wissen.

Alle, die ich mit Steinen behandelt habe, ganz gleich, wie sie es — jeder auf seine einzigartige Weise — empfunden und erlebt haben, fühlen sich nach der Behandlung ruhiger, ausgeglichener, offener und empfänglicher, eins mit sich selbst und dem Kosmos. Durch die Kristalle und Steine haben sie ihre Verbindung, ihre Verbundenheit mit der Erde wiederhergestellt und nehmen mit größerer Bereitschaft ihren Platz und ihre Aufgabe auf diesem wundervollen Planeten an.

Die Steine überbringen uns eine Botschaft von Schönheit und Liebe, von grenzenlosem Mitgefühl und Harmonie, eine Botschaft des Lichtes.

In dem Maße, in dem wir unser Herz den Energien der Steine und der All-Seele öffnen, werden wir Frieden finden und zu einem tieferen Verständnis allen Seins gelangen. Wir erkennen, daß Licht und Liebe synonym sind und wie das ganze Universum nach dieser Gesetzmäßigkeit ausgerichtet ist, so öffnen auch wir uns und lassen uns leiten von der Gnade Gottes.

Aus der Tradition der tibetischen Buddhisten stammt dieses heilige Mantra:

Om mani padme hum
(Juwel in der Lotusblüte)

Laßt uns alle Edelsteine im Herzen
der Lotusblüte sein!

GEBET

O Mutter Erde,
Mein Herz ist voll Dankbarkeit
für deine göttlichen Geschenke:
Fülle, Schönheit und Liebe.
Wir wollen diesen Segen weitergeben,
brillante Edelsteine werden,
und demütig schenken:
Wissen, Dienst und Mitgefühl
der Menschheit.

OM

Edelsteine, die zur Anwendung kommen

Der Kristall überträgt seine Kraft auf die Hand der Behandelten

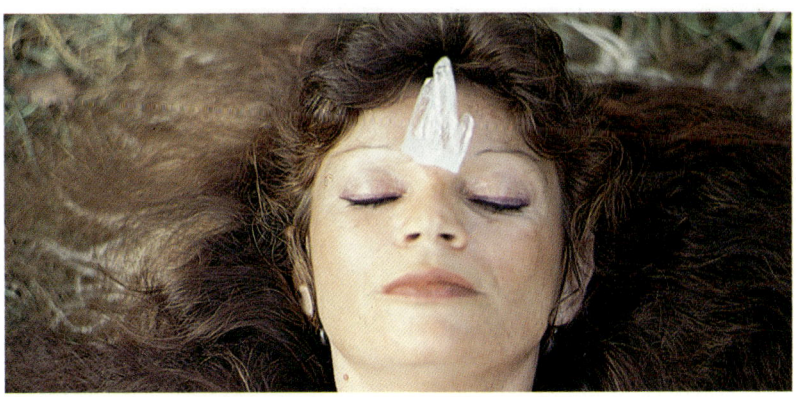

Kristall (Spitze nach oben) auf dem Stirnchakra

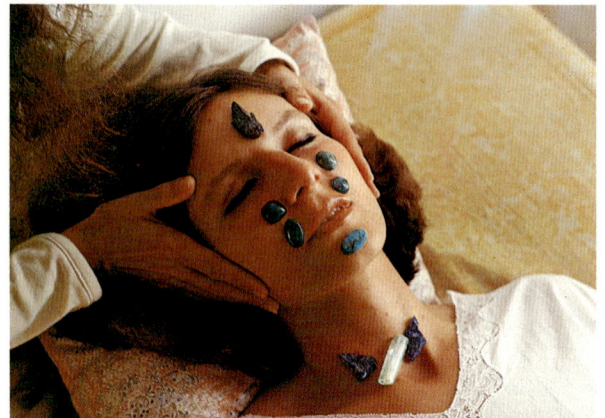

Die Edelsteine werden 20—30 Minuten auf Sensitivpunkte gelegt. Sie wirken kräftigend und harmonisierend.

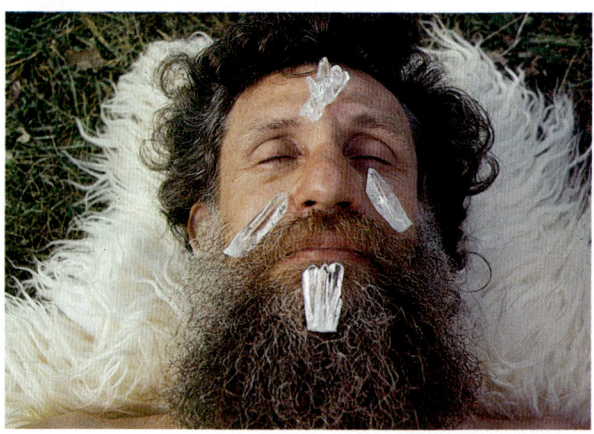

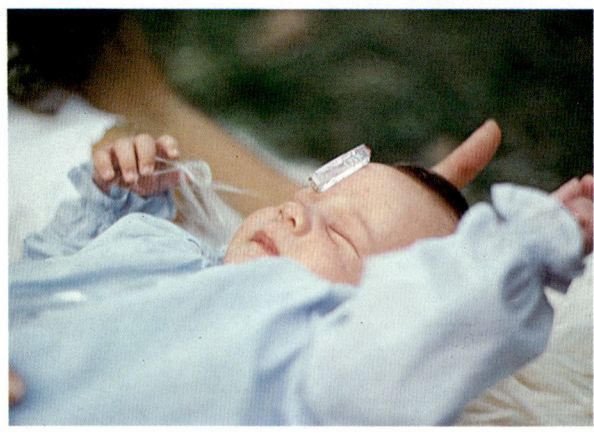

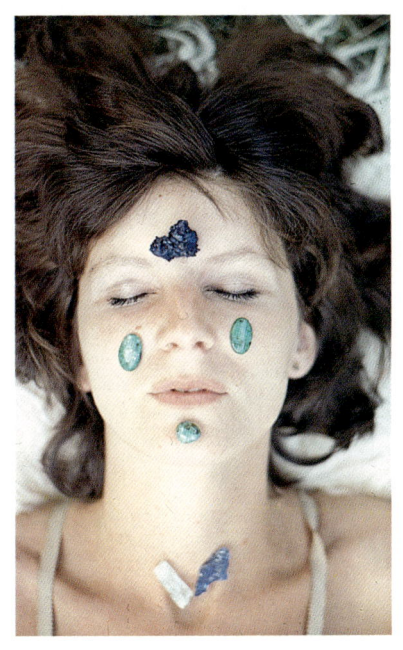
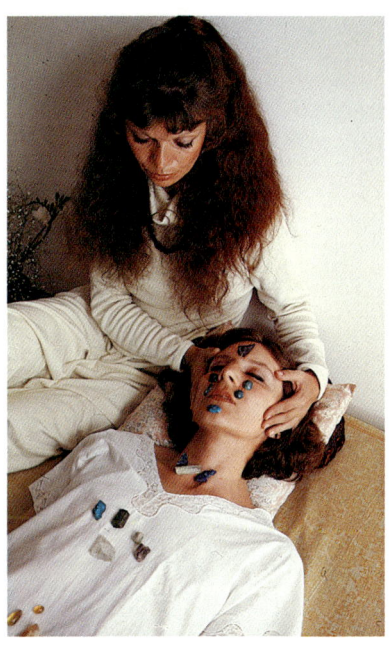
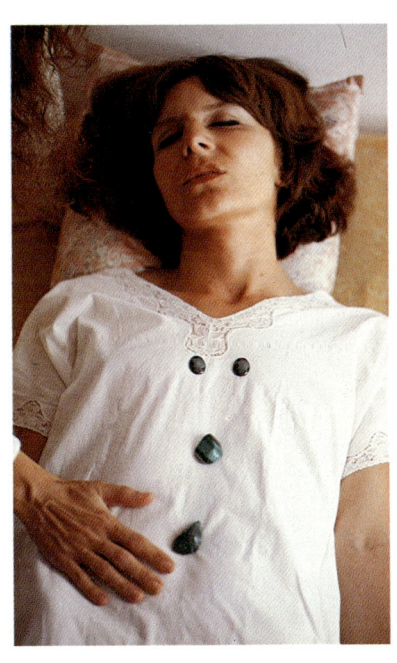
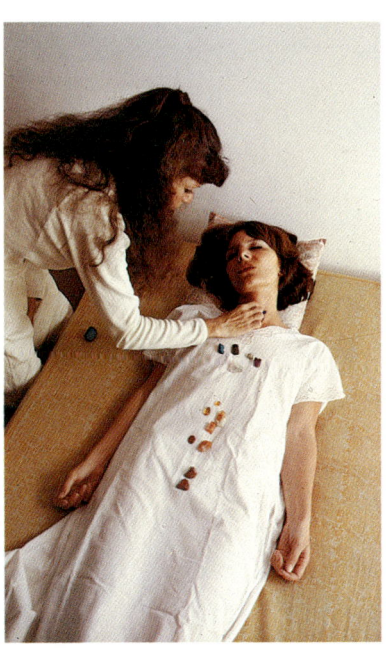

	Steine	Heilwirkung, körperlich	Wirkung, geistig
	Bergkristall	Ausgleich und Harmonie für Aura und Körper Auflösung von Stauungen und Blockaden, die freien Fluß der Energien behindern Hilfe bei Schwindel, Durchfall, Blutung	Hilfe für unsere intuitive Erkenntnis, auf daß wir unser eigenes Licht werden
	Diamant	bietet guten Schutz gegen negative Gedanken und Schwingungen	höchster Vertreter des weißen Lichtes, hilft uns zur Höherverwandlung, um den Zustand jenseits der Dualität zu erreichen
1. Chakra	Rubin	aktiviert und vitalisiert den Körper über den Blutkreislauf Vorbeugung gegen Fehlgeburt	erhebt das Herz zu Selbstlosigkeit und Mitgefühl für alle Lebewesen
	Koralle	erwärmender Einfluß auf den Körper Hilfe bei Anämie, Mangelernährung, Lethargie gut während der Menstruation und gegen Kolik	lehrt uns Form und Flexibilität
	Granat	stimuliert den Geschlechtstrieb, Hilfe bei Erkrankungen der Geschlechtsorgane	erhebt den Geist aus der Leidenschaft zur Herzensreinheit
	Roter Jaspis	vermittelt schützende Erd-Energie	spendet Kraft der Erde
	Blutjaspis	kräftigt und stimuliert den ganzen Menschen hilft bei Blasenbeschwerden	
2. Chakra	Karneol	zur Erdung und Verankerung beeinflußt und reguliert Nahrungsaufnahme und Verdauung hilft bei Blutvergiftung, Rheumatismus, Verletzung	erzeugt Wohlgefühl, Empfinden für die Zugehörigkeit zur Erde und der einfließenden Kraft
	Feueropal	löst alte Formen und Kristallisationen auf, hilft im Bereich des Verdauungssystems	hilft uns, uns mit dem höheren Selbst zu verbinden, Trennung abzubauen; belebt unterdrückte Gefühle

	Steine	Heilwirkung, körperlich	Wirkung, geistig
3. Chakra	Goldtopas	gibt dem Herzen Kraft, bringt Ausgleich in Nervensystem und Sonnengeflecht, wirkt auf die Wirbelsäule, fördert mentale und physische Verdauung gut gegen Kälte, stellt Geschmackssinn wieder her	inspirierender, stimulierender Einfluß auf höheres Denken und Seele stärkt die Konzentration, hilft beim Gewahr- und Bewußtwerden und unterstützt unsere Seele in ihrem Streben, die Erleuchtung zu erreichen
	Bernstein	reinigt und säubert den Organismus, hilft dem Verdauungs- und Hormondrüsensystem, schenkt Wärme . hilft Sonnengeflecht und Leber, gut bei Asthma und Infektionen	Kraft, Weisheit und Frieden
	Zitrin	die helleren Farben sind sehr gut für Endokrinum, reinigender und läuternder Einfluß dunklere Farben beseitigen Ängste, die Sonnengeflecht blockieren heilt Diabetes, reinigt die Haut starkes Mittel gegen Depressionen	verschiedene Farben führen zu unterschiedlichen Resultaten
4. Chakra	Turmalin (allg.)	unübertroffene Hilfe für Nervensystem bewahrt Gleichgewicht auf allen Ebenen	verschiedene Farbtöne führen zu unterschiedlichen Resultaten
	Rubellit	eine feine Hilfe fürs Herzchakra vertieft Einsichts- und Wahrnehmungsvermögen	lehrt uns, uns vom Herzen leiten zu lassen; stärkt den Willen zu Liebe und Opfer, öffnet das Herz

126

Steine	Heilwirkung, körperlich	Wirkung, geistig
Wassermelonen-Turmalin	schafft Gleichgewicht in der Polarität, hat heilenden Einfluß auf Herz und Nervensystem, hilft zur Veränderung der Zellstruktur und zur Vorbeugung gegen Krebs, da ausgleichende Schwingungen regelwidriges Zellwachstum verhindern; gibt seinem Träger einen guten Schutz	lehrt uns, unabhängig, integriert und sicher in uns selbst zu ruhen und offener, aufgeschlossener und flexibler zu werden
Rhodochrosit	integriert physische, mentale u. emotionale Aspekte guter Energie-Überträger, wärmt und beruhigt das Herz und tut seinem Träger wohl	unterstützt schöpferisches Denken
Smaragd	hilft zur Entwicklung eines neu belebten, schönen Körpers, wirkt ausgleichend und heilend gibt Herz und Leib Frieden und Harmonie normalisiert Blutdruck, gut bei Augeninfektionen	Neugeburt, innere Erbauung, Fülle und Reichtum kann die Geheimnisse von Himmel und Erde offenbaren Selbstkontrolle und Reife
Malachit	Heilung und Ausgeglichen- für den ganzen Organismus, hilft Pankreas- und Milz- Funktionen gut bei Augeninfektionen, Asthma, Menstruationsbe- schwerden, Vergiftung, Rheumatismus	lehrt uns, durch den Schöpfungsvorgang den Geist zu verstehen offenbart unsere tiefsten Ängste durch Veränderung und Wachstum
Jade	stillend und beruhigend, ausgleichend und alles heilend gut bei Entbindung, Grippe, Neuralgie, Migräne	schenkt Bescheidenheit, Weisheit, Gerechtigkeit und Mut hebt das Bewußtsein

	Steine	Heilwirkung, körperlich	Wirkung, geistig
	Grüner Turmalin	bringt über das Nervensystem Ruhe ins Denken, kann ganzen Körper erneuern und verjüngen gut bei Entzündung, Grippe, Krebs gut fürs Herz, normalisiert den Blutdruck	erzeugt in uns den Willen, Weisheit zu erlangen und Konflikte aufzuheben bringt Harmonie in unsere mentalen Bereiche, erschüttert überaltete Vorstellungen und Denkweisen und drängt uns, auf einer anderen Bewußtseinsebene neu anzufangen
	Grün-klarer Turmalin	beruhigend und ausgleichend für Gehirn und Nervensäfte. kann Entzündungen, Kopfschmerzen und epileptische Anfälle kurieren	
	Chrysopras	sedierender, beruhigender Effekt wie Jade bringt Ausgeglichenheit und Zielbewußtsein allen, deren Verhaltensmuster neurotische Züge zeigen gut fürs Herz, bei Blutungen, Blutsturz, Entbindung, beeinflußt Drüsen	klärt unsere Probleme, da er unbewußte Gedanken auf eine bewußte Ebene bringt stärkt inneres Sehvermögen
	Peridot	für Beruhigung, Reinigung, Ausgeglichenheit gut für Verdauung, hilft bei Verstopfung und Darmentzündungen hilft bei Melancholie	hilft, mentale Fähigkeiten zu entwickeln, bringt Ausgeglichenheit und Ruhe ins Gefühlsleben öffnet inneres Auge für geistige Sonne
4. u. 5. Chakra	Aquamarin	ausgezeichnet zur Behebung von energetischen Stauungen beim Kehlchakra, wirkt ausgleichend und stabilisierend auf allen Ebenen, große Filterwirkung hilft bei Nervenschmerzen, Drüsenstörungen, Beschwerden im Nacken-Hals-Kiefer-Zahn-Bereich	schenkt Herzensreinheit, Unschuld und Klarsicht sensitives Verständnis

Steine	Heilwirkung, körperlich	Wirkung, geistig
Türkis	starke Heilungsschwingun-gen, verstärkt durch Kupfer-gehalt gut für Herz, Brust und Hals, Lungen und Atem-wege, auch für Augen	vermittelt Eindruck von Unendlichkeit des Himmels und der Reinheit des Geistes
Chrysokoll	Ausgeglichenheit und Beruhigung für Herz und Gefühle lindert Ängste, schenkt dem Herzen Frieden hilft Geschwüre und Be-schwerden im Verdauungs-trakt zu verhüten	ähnelt Türkis, erhebt uns jedoch in höhere Regionen des Bewußtseins größeres Gleichgewicht zwischen höheren und niederen Körpern
Saphir	starke Heilkraft für Kehl-chakra, reinigend senkt Blutdruck, lindert Schmerz, senkt Fieber gut gegen Nervosität und Schlaflosigkeit	kann unsere Seele verwan-deln und in höhere Bereiche emporheben inspiriert zu religiöser Hin-gabe und zur Meditation
Lapislazuli	heilt Stauungen im Kehl-bereich große Hilfe bei Schwellun-gen, Stichen, Entzündungen und Ausschlägen, gut gegen Fieber und Bluthochdruck, Menstruationsbeschwerden, Depressionen und nervösem Kopfschmerz	erzeugt Idealismus zu wahrer Gemeinschaft und Zusam-menarbeit inspiriert uns zum Ver-ständnis der Unsterblichkeit
Topas (blau)	kühlend, lindernd, beruhigend, reinigend für Nerven und Kehlbereich starke elektrische und magnetische Kraft gut bei nervösem Kopfschmerz und Herzklopfen	verstärkt den Fluß schöpferischer Energien, schenkt Künstlern Inspiration
6. Chakra	Saphir (indigo)	große Heilwirkung bei Be-handlung geistiger Störungen, Delirium, Melancholie, Stö-rungen des Denkvermögens, kräftigt und heilt Sinnes-organe gut bei Schlaflosigkeit	kann unsere intuitive und hellsichtige Wahrnehmung entfalten, daß wir die Wahr-heit schauen und Weisheit erreichen können

	Steine	Heilwirkung, körperlich	Wirkung, geistig
	Azurit	großer Heiler für die menschliche Entwicklung belebt, was beschädigt und verletzt wurde	öffnet unser geistiges Sehvermögen zur Wahrnehmung der letzten, höchsten Wahrheit, zum kosmischen Bewußtsein schenkt Bewußtsein und Pflichtgefühl
7. Chakra	Amethyst	sehr wirkungsvoll bei allen Arten von Schmerzen vertreibt Zorn, Wut, Furcht und Angst bringt Trost und Erleichterung allen psychisch Kranken, hilft auch bei Kopfschmerzen, Schlaflosigkeit und Migräne gut zur Behandlung von verunreinigtem Blut und Geschlechtskrankheiten bringt Gleichgewicht in Probleme der Geschlechterpolarität gut gegen Farbenblindheit und Trunkenheit	Verwandlung inspiriert zur Meditation, selbstlosem Geben und Dienst an der Menschheit kosmische Einheit
	Fluorit	Violett-Töne ähnlich Amethyst grün: hilft dem Menschen, mit starken Schwingungen umzugehen wirkt beruhigend aufs Nervensystem	inspiriert zum Dienen, zu kosmischen Wahrheiten und Weisheit
	Mondstein	große Hilfe zur Beruhigung unserer Reaktionen auf Emotionen stimuliert die Epiphyse zur Beeinflussung des Wachstumsprozesses sorgt bei Frauen für hormonelles Gleichgewicht kann die Reinigung blockierter Lymphwege unterstützen	schenkt inneres Wachstum und Kraft öffnet uns für unsere weibliche, empfindsame Seite, damit wir alle Aspekte zur Einheit integrieren

Steine	Heilwirkung, körperlich	Wirkung, geistig
Opal	die verschiedenen Farben wirken auf mehr als ein Chakra schwarzer Opal wirkt auf alle Chakras ausgleichend und harmonisierend	erhebt das normale Bewußtsein zum kosmischen Gewahrsam hilft uns, die höchsten, spirituellen Ebenen der inneren Sicht zu erreichen
Perle	hoher Kalziumgehalt mit heilenden Eigenschaften bei Fällen von Kalziummangel	Verwandlung — Erreichen einer höheren Ebene durch Opfer und geistige Liebe führt zur Läuterung durch Selbstkonfrontation und Verantwortung
Schwarzer Turmalin	Schutzschild gegen negative Energien nützlichster und heilsamster schwarzer Stein	hilft bei der Klärung abstrakter Träume und Gedanken lehrt uns, daß das Leben der Form bedarf, um auf physischer Ebene sichtbar zu werden schwarz ist Symbol der Materie, weiß ist Symbol des Geistes
Schwarzer Onyx		Ernsthaftigkeit und Selbstkontrolle

Kapitel 8

Astrologische Entsprechungen der Edelsteine

von Günther Braunger

Über die Zuordnung von Tierkreiszeichen und Planeten zu Edelsteinen herrscht einige Verwirrung. Beim Durchstöbern der vorhandenen, meist bruchstückhaft existierenden Angaben, kann man für manche Steine so viele verschiedene Zuordnungen finden, daß einem das ganze System der Entsprechungen recht suspekt vorkommen mag. Ein Großteil der divergierenden Angaben wird durch die einfache Überlegung klar, daß selbstverständlich jeder Stein, wie jede Pflanze, wie auch wir Menschen von sämtlichen Planeten (normalerweise verwenden wir zehn, ich beziehe zusätzlich Isis und den 12. Planeten mit ein), beeinflußt werden. Trotzdem kann man Edelsteine bestimmten Planeten zuordnen, wenn man sich darüber im klaren ist, daß sich die jeweilige Zuordnung auf den planetaren *Haupteinfluß* bezieht. In der gebräuchlichen, auf den Menschen bezogenen Astrologie machen wir es ebenso. Nach Kenntnis des Horoskops konstatieren wir vielleicht, daß Person XY stark venus-geprägt ist, wohl wissend, daß XY auch von allen übrigen Planeten beeinflußt wird — aber eben nicht so stark. Wenn wir diese Überlegung auf die planetaren Zuordnungen von Edelsteinen anwenden, können wir z. B. sagen: Dieser Stein ist mars-affin und jener gehört zu Neptun oder genauer: Stein XY steht 1. unter Mars-Einfluß, 2. unter Jupiter-Einfluß, 3. unter Saturn-Einfluß, 4. unter Sonne-Einfluß, 5. unter ... Wobei in unserem hypothetischen Beispiel der Mars-Einfluß 40 % seiner Wirkung ausmachen könnte, der Jupiter-Einfluß 20 %, der Saturn-Einfluß 15 %, und die verbleibenden 25 % auf die restlichen Planeten aufzuteilen wären. So gesehen wird verständlich, warum ein Autor unseren Stein XY dem Mars zuordnet, während ihm ein anderer Jupiter-Strahlung nachsagt.

Für die therapeutische Wirkung ist nicht so sehr die chemische Zusammensetzung oder Härte eines Steines als das in ihm enthaltene bzw. von ihm ausgestrahlte Lichtspektrum maßgebend. Dieses Spektrum zeigt den jeweils dominierenden Planeten und als feinen unterschwelligen, den Farbton modulierenden Schimmer die nächst einflußstärkeren Planeten an. Dies kann durchaus auch bei Steinen der gleichen Art etwas differieren. Man vergleiche dazu nur einmal die verschiedenen Färbungen der Rubine.

PLANETEN UND IHRE FARBEN

Mond: milchig weiß, silbrig
Merkur: unklar, evtl. helles Braun, stumpfes neutrales Grün
Venus: hellblau
Mars: hellrot (mitunter schwarz)
Jupiter: goldbraun
Saturn: schwarz oder kristallklar
Uranus: dunkelblau
Neptun: grün
Pluto: dunkelrot
Isis (Transpluto): goldfarben
Mondknoten: violett

Wie bekannt, enthält das Sonnenlicht den ganzen Farbkosmos. Edelsteine sind immer nur ein Teil dieses Kosmos und deshalb gibt es auch keinen Stein, der die ganze Fülle des Sonnenlichts enthält.

EDELSTEINE UND PLANETARISCHE ENTSPRECHUNGEN

Rubin: Pluto, vorwiegend mit Aspekten von Isis, Saturn oder Mondknoten

Koralle (rot): Mars, vorwiegend mit Mond- oder Venusaspekt

Granat: Pluto, vorwiegend Saturn- oder Mondknotenaspekt

Roter Jaspis: Mondknoten mit Jupiteraspekt

Blutjaspis: Mars (Saturnaspekt?)

Karneol: Isis mit Plutoaspekt

Feueropal: Isis mit Plutoaspekt

Gelber Topas: Isis mit Venus- oder hellem Saturnaspekt

Bernstein: Isis mit Pluto- oder Jupiteraspekt

Zitrinquarz: Isis mit Venus- oder hellem Saturnaspekt

Turmalin grün-schwarz: Saturn mit Neptunaspekt

Rubellit (roter Turmalin): Saturn mit Plutoaspekt

Wassermelonenturmalin: Saturn mit Isisaspekt

Rhodochrosit: Venus mit Marsaspekt

Smaragd: Neptun mit dunklem oder hellem Saturnaspekt (bei den sehr dunklen stumpfen afrikanischen Smaragden ist auch an einen bedeutenden Plutoeinfluß zu denken)

Malachit: 12. Planet mit Saturnaspekt

Jade: Neptun mit Mondaspekt

Chrysopras: Neptun mit Venus- oder Mondaspekt

Peridot: Smaragd mit Isisaspekt

Aquamarin: Venus mit Isis- oder hellem Saturnaspekt

Türkis: Venus mit Neptun- oder Mondaspekt

Chrysokoll: Neptun mit Jupiter- oder Plutoaspekt

Saphir (blau): Uranus mit Saturn- oder Plutoaspekt

Lapislazuli: Venus mit Pluto- oder Saturnaspekt

Topas (blau): Uranus mit Isisaspekt

Amethyst: Mondknoten mit Saturn- oder Isisaspekt

Mondstein: Mond mit Venusaspekt

Opal: 12. Planet mit Pluto-, Uranus-, Neptun- oder Saturnaspekt (bei der großen Vielfalt dieser Steine kann nur in etwa die Richtung angegeben werden)

Perle: Mond mit Venusaspekt (Isis?)

Onyx (schwarz): Saturn mit Plutoaspekt

Zu Isis (Transpluto)

Im Jahre 1946 veröffentlichte der Astronom M. E. Savon Bahnberechnungen eines bis dahin unbekannten Planeten, die er aus den Bahnabweichungen von Uranus und Neptun und deren Beziehung zur Bahn des Pluto ableitete. Dieses Verfahren ist in der Astronomie legitim und mit ihm wurden auch zuerst die Bahnen von Neptun und Pluto berechnet, bevor sie mit dem Fernrohr entdeckt wurden.

Zum 12. Planeten

Als 12. Planet wird in dieser Aufstellung jener Planet bezeichnet, der früher einmal seine Bahn zwischen Mars und Jupiter zog, und vor langer Zeit in viele Trümmer zerbarst, die von Astronomen als Asteroiden bezeichnet werden. Für die astrologische Berechnung bestimmt man zunächst die Halbsumme zwischen den geozentrischen Planetenknoten von Jupiter und Mars, und trägt von dort aus 7°30' in Richtung Planetenknoten des Mars an.

URPRINZIPIEN

	Mond	Merkur	Venus
Kosmisches Prinzip	Wandlung (passiv)	Vermittlung	Gestaltung (dynamisch)
Menschenwelt	Hingabe Gefühl	Spielregel	Liebe zum Partner
Person	Kind	junge Person (Geschwister)	junge Frau
Naturwissenschaftliche Prinzipien	Physik der Flüssigkeiten	Informatische Systeme	Physik der Gase Chlorophyllsynthese
Organe	Blase, Dickdarm, Eierstock, Hoden	Mastdarm Penis Neurotransmitter	Lunge Herz rechte Niere
Tier	Muschel	Qualle Tarantel	Reh Schwalbe
Pflanze	Melisse Weide Kastanie	Sellerie Hopfen Wegwarte	Taubnessel Hafer Rosmarin
Mineral	Silber Kalium Quecksilber	Nickel Lithium	Kupfer Beryllium

	Mars	**Jupiter**	**Saturn**
Kosmisches Prinzip	Polarisierung	Wandlung (aktiv) Synthese	Form und Struktur
Menschen- welt	Kampf Kampfsport	Gesellschafts- regeln Lebensweis- heit Sport aus Lust an Bewegung	Gesetz Todesangst
Person	junger Mann	älterer Mann (40—60 Jahre)	alter Mensch Vater
Naturwis- senschaft- liche Prin- zipien	Potentielle Energie	Thermo- dynamik freie Energie	Physik der Festkörper
Organe	Zwölffinger- darm, Dünn- darm	Magen Leber, Galle	Milz, Knochen Haut, Haare Nägel
Tier	Ameise Koralle	Seestern Pferd	Walfisch Kröte, Stein- bock
Pflanze	Haselnuß Brennessel Paprika	Thymian Walnuß Weißdorn	Schlehe Schachtel- halm, Salbei
Mineral	Eisen Wismut	Zinn	Blei Natrium

	Uranus	Neptun	Pluto
Kosmisches Prinzip	Kontraktion Konzentration	Vermischung von Dimensionen und Bewußtseinsebenen	Einschmelzung alter Formen, Chaos als schöpferisches Prinzip
Menschenwelt	Verdichtung neuer Qualitäten blitzartiges Erkennen	Sensitivität Magie, Vergiftung, Drogen Musik (Romantik, Pop)	Unterbewußtsein Menschenmassen Vernichtungsangst
Naturwissenschaftliche Prinzipien	Kernfusion Implosion Elektrizität	Alchemistische Umwandlung	chemische Synthese
Organe	Schilddrüse Parasympathicus	Lymphe	RES (Reticuloendotheliales System
Tier	Biene	Spinne	Hund Schwein Tintenfisch
Pflanze	Schwarztanne Seidelbast Eisenhut	Veilchen Petersilie Pestwurz	Wegerich Mistel Meerettich
Mineral	Kobalt Thallium	Antimon Platin	Schwefel Silicium

	Isis-Transpluto	12. Planet	
Kosmisches Prinzip	Urmutter Urwissen	Zerlegung	
Menschen- welt	allumfassen- Liebe Solidarität Musik (Vivaldi, Mozart)	Ekstase, Tanz Vernichtungs- angst	
Person	Mutter		
Naturwis- senschaft- liche Prin- zipien	Physik der 4. und weiterer Dimensionen	Kernzertrüm- merung Explosion	
Organe	Thymus, Pankreas linke Niere	Schilddrüse Sympathicus	
Tier	Kuh	Wespe Hornisse Krustenechse	
Pflanze	Waldmeister Arnika Christrose	Schafgarbe Liguster Bilsenkraut	
Mineral	Arsen Zink	Magnesium Chrom	

Weitere Bücher zu diesem Thema:

Antje und Helmut Hofmann
Die Botschaft der Edelsteine
Meditation und Spiel
62 Seiten, Paperback, dazu
52 vierfarbige Edelsteinkarten.

Helmut G. Hofmann
Gesundheit und Kraft durch Edelsteine
Inspiration, Meditation, Heilung
136 Seiten und 34 vierfarbige Edelsteinkarten, Festeinband

Antje und Helmut Hofmann
Naturkosmetik mit Edelsteinen
Cremes, Lotionen und Öle –
Rezepte und Anwendungen
112 Seiten mit 4 Farbtafeln,
Festeinband

Ursula Markham
**Universelle Kräfte der Edelsteine
und Kristalle**
176 Seiten mit Abbildungen, Festeinband

Mellie Uyldert
Verborgene Kräfte der Edelsteine
184 Seiten mit zahlreichen farbigen
Abbildungen, Festeinband

IRISIANA